中国近代新闻学名著系列丛书

芮必峰◎主编

新闻学总论

—— 邵飘萍◎著 ——

中国传媒大学出版社

·北京·

编 委 会

主　编　芮必峰

副主编　姜　红　刘　勇

编　委　贾　南　周　彤　张冰清　侯普曼

出版说明

本丛书整理再版了近代在中国用中文出版的经典新闻学著作，所涉及的图书既有专著、教材，也有译著，全面涵盖了新闻学理论、新闻业务、新闻史等领域，成书年份前后跨越40年。在这40年间，中国的新闻学科从无到有、从借鉴到创新，成就巨大。对这些著作的再次出版，为研究中国近代新闻学提供了珍贵的史料，绘制了中国近代新闻学的全景，度量了中国近代新闻学的厚度，填补了该领域空白，也为纪念中国新闻学诞生100周年献上了一份厚礼。

我们请中国人民大学新闻学院教授、博士生导师，广西大学新闻传播学院院长，教育部社会科学委员会委员兼新闻传播学科召集人郑保卫，及中国传媒大学传播研究院院长、教授、博士生导师，中央实施马克思主义理论研究和建设工程新闻学首席专家雷跃捷对本丛书的内容进行了审定，并根据专家的意见进行了修改。在此对两位专家所付出的辛勤劳动表示衷心感谢。

由于历史原因，本丛书中的个别图书存在一些问题，为保存历史原貌，为研究者提供一手的参考资料，影印时均基本保持其原貌，未作大的删改，希望读者结合当时的历史条件和历史环境，对其中的观点进行批判性借鉴。原书中存在一些错别字、漏字和排版错误，我们在影印时均未做改动，敬请读者注意。

由于原书出版年代久远，本丛书中的许多书籍难觅其踪，存世数量稀少，版权状况极其复杂。为了保证本丛书的学术性和完整性，我们将具有价值的图书先行选入其中，进行了抢救性发掘，力图保存中国新闻史珍贵的历史资料。版权所有人若有异议，请及时与我们联系。

为更好地体现中国近代新闻学的发展脉络，本丛书特别收录了欧美学者休曼的《实用新闻学》、斯蒂德的《新闻学的理论与实际》；日本学者松本君平的《新闻学》、后藤武男的《新闻纸研究》、杉村广太郎的《新闻概论》。当年这些书的出版对中国近代新闻学具有一定的借鉴意义。

本丛书为影印制作，成书清晰度由原书决定，由于出版年代久远，受当时生产力水平及制作方法限制，难免会存在一些缺陷，敬请读者谅解。

中国传媒大学出版社

总　序

如果从1903年商务印书馆编译出版日本人松本君平的《新闻学》算起，中国的新闻学已有115年历史[①]。如果从1918年北大新闻研究会建立，徐宝璜开办新闻学讲座算起，中国新闻学教育和研究迄今正好100年历史。我们搜集整理了清末至民国期间一些有代表性的新闻学书籍，希望借此重现早期中国近代新闻学的本来面貌，反映我国新闻学发展的历史脉络，我们认为，这对中国新闻学术、教育史研究以及中国近现代思想史研究都是很有意义的。

从1903年到1949年9月的40多年间，我国公开出版和内部印行的新闻学书籍，包括专著、教材、论文集、资料汇编、参考工具书等，约468种之多。[②]它们集中反映了我国新闻学的历史发展轨迹。然而，由于多种原因，这些书籍除了几本曾被重印出版外，大多已经是"只闻其名、难觅其踪"，这对我国新闻学研究不能不说是一个遗憾。

本丛书在梳理1903—1949年间出版的有代表性的新闻学书籍的基础上，精选了50部著作，校订注释，编纂再版，也算对这一遗憾的弥补。

从我们挑选的这50部新闻学书籍来看，中国早期新闻学的发展有三个鲜明的特点：

一、中国早期新闻学的发展与中国社会发展，尤其与国家民族利益息息相关

40多年间，中国新闻学从近乎空白到勃然而兴，这与中国社会的动荡、变

---

① 黄天鹏回顾新闻运动时说："有清光绪二十八年，商务印书馆刊行《新闻学》一书，为我国人知有新闻学之始，原书为日人松本君平所著……"资料来源：黄天鹏. 新闻运动之回顾［A］. 黄天鹏. 新闻学名论集［C］. 上海：上海联合书店，1929.

② 林德海，等. 中国新闻学书目大全1903—1987［M］. 北京：新华出版社，1989.

革休戚相关。西方新闻学是现代化的产物，最早形成于19世纪末20世纪初。1901年，“新闻学”一词首见于中文报章[1]，但直到民国前夕，国人对于“新闻有学乎”尚存疑，认为报社就是新闻人才的“养成所”。至1912年上海报业俱进会以“吾国报业之不发达……其最大原因，则为无专门之人才”[2]为由，号召组织报业学堂，培养报业专门人才。不难看出，此时新闻界亦将新闻学视为办报之“技”。至1918年邵飘萍为徐宝璜《新闻学》作序仍“窃叹我国新闻界人才之寥落，良由无人以新闻为一学科而研究之者”[3]。黄天鹏把1903年至1918年新闻学研究会建立之前的十余年视为中国新闻学的启蒙期。[4]

1918年，随着以启蒙为目标的新文化运动愈演愈烈，新思潮涌入国门，“新学”“西学”站在旧传统的对立面被学界关注，新闻学思想也不例外。作为公学之首和新文化运动中心的北京大学率先开办新闻学研究会，力证了“新闻学”存在的正当性；徐宝璜《新闻学》一书问世，成为中国新闻学理论的奠基之作。新闻学教育兴起，新闻学研究著作渐盛，待到北伐前夕，中国新闻学从学理上和实践上俱已建立起来。

新文化运动后期，马克思主义传入中国，资本主义文明逐渐“祛魅”。之后的大萧条使得西方国家的痼疾暴露无遗，曾经“理想之彼方”的西方报业也难以幸免。在这一时代背景下，如何建立“吾国之报业”成为新闻学研究的热点，围绕这一热点，一方面，关于中外新闻理论、新闻事业、新闻业务的著作日益涌现；另一方面，军阀对于激进言论的暴力摧残，又引发了新闻人对于言论自由的论争。20世纪20年代的中国新闻学呈现百家争鸣之势。

“在这言论自由纷争之际，也有若干论调，认为新闻纸不过是一种政治宣传的工具，在新闻学方面也唱过所谓社会主义的新闻理论，不过这种论调没有完成，当头的国难已把这种理论粉碎。”[5]“九一八”事变后，面对空前的民族危机，“国家至上、民族至上”成为国论，报业成为勾连与动员社会的渠道和网络，

---

① 梁启超. 本馆第一百册祝辞并论报馆之责任及本馆之经历［J］. 清议报，1901（100）：1-8.

② 戈公振. 中国报学史［M］. 上海：上海书店，1989：278.

③ 徐宝璜. 新闻学［M］. 长春：时代文艺出版社，2009：7.

④ 黄天鹏. 四十年来中国新闻学之演进［M］//龙伟，任羽中，王晓安，何林，吴浩. 民国新闻教育史料选辑. 北京：北京大学出版社，2010：149.（以下征引本书时，一律简注为《民国新闻教育史料选辑》。）黄天鹏在此文中提出他对于1903年到战事结束的40余年间中国新闻学发展阶段的划分，原载《中国新闻学会年刊》第1期，1942年9月。

⑤ 黄天鹏. 四十年来中国新闻学之演进［M］//民国新闻教育史料选辑. 北京：北京大学出版社，2010：161.

致力于推动“舆论统一”。直到全面抗战中期之前，以战争宣传动员为主要研究目标的“战时新闻学”都是新闻学研究的热点。

1943—1949年中华人民共和国成立前夕，随着战争形势的转变，抗日战争已现胜利的曙光，中国新闻学人开始构想新闻业的未来。萨空了①于1943年开始着手书写《科学的新闻学概论》，旨在提醒新闻人应“鉴于美英的前车”②，避免报纸“为大财阀资本家所独占”③，“积极地设法使报纸成为大多数民众自己的相互报道消息、提供意见的工具”④。

二、中国新闻学是“西学东渐”的产物，中国早期新闻学人大多具备西学背景

“西学东渐”的内在精神是中体西用。在“用”的招牌下，西学大量涌入。中国新闻学直接引自日本和美国。首先，中国最早的新闻学译著分别为1903年商务印书馆编辑出版的松本君平的《新闻学》和1913年美国记者休曼著、史青编译的《实用新闻学》。前者成为中国新闻学的开端，而后者作为美国第一本新闻教育著作，“提供采访编辑各种实际问题的解决方案”⑤，也奠定了中国新闻人对于新闻教育之作用的基本构想。

早期中国新闻学人大多具备留美留日的求学背景。徐宝璜曾于美国密歇根大学修习经济学与新闻学，其《新闻学》（1919）的参考文献包括在美国出版的图书23种、在英国出版的图书7种，印证了时任北大校长蔡元培所言，“新闻学之取资，以美为最便矣”⑥。任白涛求学日本早稻田大学政治经济学系时，加入了《朝日新闻》名记者杉村楚人冠等筹建的“大日本新闻学会”⑦，《应用新闻学》

---

① 萨空了（1907—1988）四川成都人，蒙古族，笔名了了、艾秋飚，记者、主编、新闻学家。1927年任《北京晚报》《世界日报》编辑记者、《世界画报》总编辑。曾任教民国学院新闻系、北京新闻专科学校。1935年任上海《立报》副刊主编、总编辑兼经理。中华人民共和国成立后任中央人民政府新闻总署副署长兼新闻摄影局局长、出版总署副署长、全国政协副秘书长兼《人民政协报》总编辑等职。负责主编《中国大百科全书·新闻出版》卷，著有《科学的新闻学概论》《科学的艺术概论》《宣传心理研究》等。

② 萨空了．科学的新闻学概论［M］．香港：文化供应社，1946：36.

③ 萨空了．科学的新闻学概论［M］．香港：文化供应社，1946：36.

④ 萨空了．科学的新闻学概论［M］．香港：文化供应社，1946：36.

⑤ 黄天鹏．四十年来中国新闻学之演进［M］//龙伟，任羽中，王晓安，何林，吴浩．民国新闻教育史料选辑，北京：北京大学出版社，2010：157.

⑥ 邓绍根．中国新闻学的筚路蓝缕：北京大学新闻学研究会［M］．北京：清华大学出版社，2015：228.

⑦ 1915年《朝日新闻》的杉村楚人冠等在庆应义塾大学创办“新闻研究会”并讲授课程，后根据该讲义出版了《最近新闻纸学》（1918）。其时，杉村楚人冠还兼任“大日本新闻学会”的筹建者与学会新闻讲座讲师。

（1922）正是仿照杉村楚人冠《最近新闻纸学》一书体例所做。[①]邵飘萍的《实际应用新闻学》（1923）亦参考了《最近新闻纸学》。[②]杉村楚人冠深受美、德新闻思想熏陶，美、日、德的新闻思想因故才传到中国。

事实上，正是留美、留日学生群体的新闻学著述构建起了中国早期新闻学的基本框架。仅本丛书所涉国内著（编）者30人中，剔除资料不详者3人，有留学经历者共计15人。其中留美5人：徐宝璜、伍超、赵敏恒[③]、戈公振[④]、曹用先[⑤]；留日8人：吴定九[⑥]、邵飘萍、黄天鹏、任白涛、张友渔[⑦]、谢六逸、袁殊[⑧]、王文萱[⑨]；

---

① 周光明. 近代新闻史论稿［M］. 北京：社会科学文献出版社，2014：276.

② 方晓红. 中国新闻简史［M］. 南京：南京师范大学出版社，1996：122.

③ 赵敏恒（1904—1961），记者、新闻学教授。早年就读于清华大学，1923年起先后于美国科罗拉多大学文学院、密苏里大学新闻学院、哥伦比亚大学新闻学院攻读英国文学和新闻学，并获新闻学硕士学位。1925年起在纽约环球通讯社当编辑。1927年回国，在国民政府外交部情报处短暂工作后加入路透社。1945年10月任《新闻报》总编，兼任复旦大学新闻学教授。

④ 留学两个及两个以上国家的，按其留学的第一个国家计。

⑤ 曹用先，女，宁波人，天津南开大学社会科毕业。1926年与未婚夫查良鉴自南开大学毕业后，同赴密歇根大学留学，1930年在该校安娜堡完婚。硕士毕业后回国，曾就职于上海商务印书馆编辑所并任教于大夏大学，1949年与查赴台，1951年4月病逝于台湾。

⑥ 吴定九（1890—1930），名鼎，字定九，嘉定人。著名报人，《京报》元勋之一，著有《新闻事业经营法》。公派赴日本名古屋学习土木工程时，与在东京政法学校读书的邵飘萍成为密友。1923年9月，私立北京平民大学设立报学系，时任京报社经理的吴定九担任教授并讲授专业课程“新闻经营法”。

⑦ 张友渔（1898—1992），原名张象鼎，字友彝，又名张忧虞，山西灵石人。法学家、政治学家、新闻学家。先后求学于山西第一师范学校，国立北平法政大学法律系。1927年任《国民晚报》社长兼总编辑。同年加入中国共产党，任中共北平市委委员兼秘书长。1930年赴日留学。“九一八”事变后回国任《世界日报》主笔及燕京大学、中国大学、民国大学、中法大学、北平大学法商学院教授，讲授宪法学、劳动法学、新闻学和日本问题。1943年起在重庆任中共南方局文委秘书长、《新华日报》社论委员会委员、中共重庆工作委员会候补委员兼政策研究室副主任、《新华日报》代总编辑等职。

⑧ 袁殊（1911—1987），中共谍报人员、记者、新闻学者。早年赴日攻读新闻学、东洋史。曾创办上海自修大学并设新闻专科。1931年3月创办的《文艺新闻》，最早揭露了左联五烈士被害的消息。1932年任新声通讯社记者，经潘汉年引介加入共产党。1942年卧底敌伪报纸《新中国报》，1945年10月转移到苏北解放区；1949年调入中央情报部门。著《记者道》《学校新闻讲话》《新闻大王赫斯特》等书；译《新闻法制论》等。

⑨ 王文萱，曾留学日本，1930年5月翻译杉村广太郎的《新闻概论》。1942年国立社会教育学院新闻系成立，王文萱在该系教授新闻业务课程。1947年年初，李宗仁授意萧一山在北平创办《经世日报》作为喉舌，任命王文萱、蓝文澄两位教授为主笔。

旅欧2人为胡愈之和储玉坤[1]（详情见表）。这些涉足新闻学研究的归国留学生兼容并蓄，汲取美、日、德等国新闻理论和马克思主义新闻思想的精华，进行本土化改良，亦从侧面反映出中国新闻学的理论来源。

三、中国早期新闻学人往往兼新闻实践、新闻教育、新闻研究于一身

1918年，北京大学新闻学研究会成立，徐宝璜负责讲授新闻学知识。他结合自身从业经验，参考欧美新闻学书目，形成课程讲义；再结合讲课心得，不断完善新闻学理论。1919年，国人自撰的第一本新闻学专著《新闻学》最终成书。徐在自序中细陈写书修书之过程："新闻学乃近世青年学问之一种，尚在发育时期。余对于斯学，虽曾稍事涉猎，然并无系统之研究。客岁蔡校长设立新闻学研究会，命余主任其事，并兼任导师。余乃于暑假中，正式加以研究，就所得著《新闻学大意》一篇，以为开会后讲演之用。……开会后，余继续研究，加以会员之质疑问难，时有心得，遂将原稿加以修改，成第二次之稿……"[2]显然，"曾稍事涉猎"指其曾经担任《晨报》主笔的工作经历。早期中国新闻学人兼具从业经验和新闻学教学经验者多会总结实践经验、丰富新闻理论、著书立说、传道授业，这种情况并不鲜见。

从早期新闻学著作的作者（编者）身份来看：本丛书涉及国内著（编）者30人，除李公凡、刘元钊和鲁风三人身份不详，仅蒋国珍[3]、项士元[4]二人没有明确的新闻从业经验。而在这25人中，更有20人兼具从业经历与从教经历。新闻学人大多具有新闻从业经历，学术研究、传承活动与新闻实践密不可分（详

① 储玉坤，1912年生，江苏宜兴人，笔名雨君、储华。1937年中央政治学校大学部新闻学及国际政治专业毕业。1938年1月任《文汇报》编辑兼社论撰述者；1938年5月担任《文汇报》法国哈瓦斯分社编辑；抗战胜利后，任《文汇报》总主笔。1946年5月转任《申报》主笔和法国新闻社远东分社中文部主任，兼任中国新闻专科学校教务长和沪江大学新闻系教授。著有《现代新闻学概论》《第二次世界大战史》《美国经济》。

② 邓绍根，中国新闻学的筚路蓝缕［M］. 北京：清华大学出版社，2015：244.

③ 蒋国珍出生于1896年，江苏溧阳人，做过学生运动领袖、国民党党员、教育工作者、政府职员、银行经理。曾加入上海学生运动，代表上海全国各界联合会、全国学生联合会、上海各界联合会、学生联合会四团体发声。虞文俊认为其传世的《中国新闻发达史》翻译自日本人伊藤武雄的《中国新闻发达史》，即蒋国珍应为此书的译者而非著者。

④ 项士元（1887—1959），佛教居士、学者。原名元勋，号慈圆，又号石槎。浙江临海人，通日、英、德、梵、俄文，一生佛学著作等身。25岁毕业于杭州府中学堂，后办私立小学和赤城初级师范，兼任各校教师；捐资并赠书创办了临海图书馆。项士元长期辗转江浙等地从事教育、新闻和史志方面的研究工作。中华人民共和国成立后主持台州文管会，任浙江省文史馆馆员。所著《浙江新闻史》是中国最早的新闻史之一。

见表1[①])。

从新闻学著作本身来看，许多民国新闻学书籍正是新闻实践和新闻教育的直接产物：国人自撰的第一部新闻采访学专著——《实际应用新闻学》根据邵飘萍在北京大学新闻学研究会和平民大学新闻系的讲稿所著，《新闻学总论》一书则根据邵氏国立政法大学的新闻学讲义整理而成；周孝庵[②]根据自己在复旦大学的新闻学讲义编著了《最新实验新闻学》；郭步陶[③]的《本国新闻事业》是上海市私立申报新闻函授学校讲义之十一；而《新闻学的基础知识》本就是中美日报读讯会[④]为新闻学自修者所出版的教材《实用新闻学讲义》之一；储玉坤的《现代新闻学概论》则是专门为大学新闻理论教科书而编写的（详见表2）。

正是由于早期新闻学人兼新闻实践、新闻教育、新闻研究于一身，才能为理论教学与著述提供最鲜活的案例，促使新闻实践经验迅速融入新闻学理论研究。这是近代中国新闻学迅速发展的重要因素，对于当今的新闻学研究、新闻学教育工作也有重要启示。

本丛书编委会邀请相关领域资深专家进行研讨，认真甄选了书目，仔细进行了版本比较和甄别，从而保证了本丛书较高的学术权威性。

由于历史的局限，民国新闻学书籍的不足是明显的，如学术理论不成熟、部分话语和话题打上了深深的时代烙印等；又因书中涉及的新闻稿件写作于特定历史环境和历史年代，其表达方式不严谨亦不可避免。盖所选书目皆是历史文献，我们在审校中尽量保持其历史原貌，不做大的删改；对极个别对马克思

① 李秀云．留学生与中国新闻学［M］．天津：南开大学出版社，2009：239-251．本书中李秀云整理了民国期间从事新闻学研究的留学生44人，并分析其留学国别构成、专业构成、新闻实践经历、从教经历等。

② 周孝庵（1900—1973），佛教学者、律师、报人。松江府人。毕业于江苏省立第一商业学校。历任上海时事新报馆记者、编辑、主编，著《最新实验新闻学》。1928年秋被复旦大学聘为新闻学教授。曾于上海法政大学获法学学士学位，1930年兼律师。1932年主编上海《新闻报》“法律质疑”栏目、编著了《法律质疑汇编》。上海沦陷后，曾氏关闭了律师事务所，潜心佛学研究。

③ 郭步陶（1879—1962），原名成爽，后改名惜，字步陶。四川隆昌人。名记者、新闻研究者。1911—1917年任《申报》编辑，1917年任《新闻报》编辑主任、主笔。1930年任教于复旦大学新闻系。上海沦陷后赴香港，任职于《申报》（香港）、《星岛日报》；1939年创建中国新闻学院（香港）并任院长。抗战胜利后回沪任教于复旦大学、新中国学院。

④ 《中美日报》是“孤岛”时期的国民党报纸，为躲避日伪新闻检查，在美商罗斯福出版公司招牌下运作，副刊有《集纳》《堡垒》等。1938年11月创刊，1941年12月停刊，1945年8月复刊，次年4月终刊。总编先后为杨勋民、查修、詹文浒，总主笔周宪文，执笔者有储玉坤、章丹枫等。胡道静曾任英文编辑。报社读讯会为自修新闻学的读者出版了《实用新闻学讲义》，共计10种，对编辑术、采访术、评论作法、新闻写作、新闻学史、剪报工作等都有专篇论述。

主义、共产党等的不适当叙述已进行了删除处理。

本丛书规模较大，从策划项目、搜集资料、校订编纂到审稿成书，历时两年有余。这50本书可能并非本本经典，其中有些内容亦有重复、雷同之处，但瑕不掩瑜，它们对于研究中国新闻学功不可没，作为新闻史资料极具研究价值。感谢中国传媒大学出版社和安徽大学新闻传播学院诸位老师的辛勤付出，也希望读者在本丛书中能读出更丰富的内容，获得启发并更深入地思考。

丛书主编　芮必峰

2018年5月7日

附表：

表1　著者受教育、从业、从教及著述情况列表

序号	姓名	是否留学及留学国家	从业经历	从教经历	著作
1	徐宝璜	美国密歇根大学，经济学、新闻学	北京《晨报》主笔	北京大学新闻学研究会、北京平民大学新闻系	《新闻学》《新闻事业》
2	戈公振	1927年赴美国、日本考察新闻事业	首创《图画时报》、"上海新闻记者联合会"会长、《申报》总管理处设计处主任兼《申报星期画刊》主编	上海南方大学新闻系、上海国民大学新闻系、复旦大学新闻系、上海沪江大学商学院、上海民治新闻学院	《新闻学撮要》《中国报学史》《新闻学》
3	邵飘萍	东京政法学校	《汉民日报》主编、《时事新报》《申报》《时报》主笔、创办"北京新闻编译社"、《京报》社长	北京大学新闻学研究会、北京平民大学新闻系、国立法政大学	《实际应用新闻学》《新闻学总论》
4	吴定九	日本名古屋工业专门学校土木工程	主持《京报》	北京平民大学新闻系、国立法政大学	《新闻事业经营法》
5	谢六逸	日本早稻田大学东洋文学史	《立报》文艺副刊《言林》主编、《国民周刊》《趣味》周刊主编	复旦大学新闻系、申报新闻函授学校、国立社会教育学院新闻系、暨南大学新闻系、大夏大学新闻系	《实用新闻学》《国外新闻事业》《新闻储藏研究》
6	黄天鹏	日本早稻田大学新闻系硕士	在北平创刊《新闻学刊》并担任主编	复旦大学新闻系、上海沪江大学商学院新闻学科	《新闻文学概论》《中国新闻事业》《新闻学入门》《新闻学概要》
7	赵敏恒	美国科罗拉多大学文学院、密苏里大学新闻学院、哥伦比亚大学新闻学院攻读英国文学和新闻学，并获新闻学硕士学位	纽约环球通讯社编辑，后加入路透社。"九一八"事变后为美国国际新闻社、伦敦《每日电讯报》《朝日新闻》等供稿。1945年10月任《新闻报》总编辑	复旦大学新闻系、中央政治学校新闻系、暨南大学新闻系	《外人在华的新闻事业》

续表

序号	姓名	是否留学及留学国家	从业经历	从教经历	著作
8	周孝庵	无	历任上海时事新报馆记者、编辑、主编；主编《上海新闻报》“法律质疑”栏目	复旦大学新闻系、新闻大学函授科	《最新实验新闻学》
9	张友渔	1930年、1932年、1935年多次赴日学习新闻学、考察日本新闻事业	《世界日报》编辑、《大同晚报》总编辑、《国民晚报》社长、《泰晤士报》总编辑、《新华日报》社论委员	燕京大学新闻系、北平民国学院新闻系	《新闻之理论与现象》《日本新闻发达史》
10	袁殊	日本新闻专科学校、早稻田大学历史系	创办《文艺新闻》《译报》、新声通讯社记者	上海自修大学新闻专科	《记者道》《学校新闻讲话》《新闻大王赫斯特》《新闻法制论》（译）
11	胡愈之	1928年法国巴黎大学攻读国际法	《东方杂志》编辑、创办《公理日报》、哈瓦斯通讯社远东分社中文部编辑主任、主编新加坡《南洋商报》		《胡愈之出版文集》
12	储玉坤	留法	《新闻报》编辑、《文汇报》编辑、法国哈瓦斯通讯社中国分社编辑、《文汇报》总主笔、《申报》主笔、法国新闻社远东分社中文部主任	中国新闻专科学校、沪江大学新闻系、之江大学新闻系、致用大学新闻学系	《现代新闻学概论》
13	任白涛	日本早稻田大学政治经济学	创办中国新闻学社、《新湖北日报》总编辑		《应用新闻学》《综合新闻学》
14	曹用先	美国密歇根大学①	上海商务印书馆编辑所②	大夏大学③	《新闻学》

① 毛彦文．往事［M］．北京：商务印书馆，2012：28．

② 雪林．一段值得介绍的婚姻（红藏·生活·第四卷第三十八期）［M］．湘潭：湘潭大学出版社，2014：435–437．

③ 毛彦文．往事［M］．北京：商务印书馆，2012：28．

续表

序号	姓名	是否留学及留学国家	从业经历	从教经历	著作
15	王文萱	留日 ①	《经世日报》②	国立社会教育学院新闻系 ③	《新闻概论》（译）
16	伍超	留美 “攻读新闻科” ④			《新闻学大纲》
17	郭步陶	无	《申报》编辑、《新闻报》编辑主任兼主笔、《申报》（香港）、《星岛日报》编辑	复旦大学新闻系、《申报》新闻函授学校、中国新闻学院（香港）、新中国学院	《本国新闻事业》
18	任毕明 ⑤	无	《民国日报》《时报》《快报》主笔、《大众日报》总编辑	香港中华新闻学院	《战时新闻学》《评论学十讲》
19	赵君豪 ⑥	无	《申报》副总编辑	上海商学院新闻专修科、复旦大学新闻系、上海法政学院新闻专修科	《中国近代之报业》《上海报人的奋斗》

① 杉村广太郎．新闻概论·黄序［M］．王文萱，译．上海：联合书店，1930．

② 冯国定．忆萧一山先生［M］//中国人民政治协商会议北京市委员会文史资料研究委员会文史资料选编（第43辑），北京：北京出版社，1992：104．

③ 苏州大学社会教育学院．峥嵘岁月（第三集）［M］．北京、上海、南京、苏州校会．1991：229．

④ 伍超．新闻学大纲·自序［M］．上海：商务印书馆，1925．

⑤ 任毕明，原名任大任，生于1904年，广东鹤山人。1925年在广西梧州创办《民国日报》，曾任《时报》《快报》主笔，主持过香港的《大众日报》。参与创办香港中华新闻学院，并任教。著作有《龙虎集》《风云集》《社会大学》《新社会大学》《战时新闻学》和《评论学十讲》等。

⑥ 赵君豪（1900—？）江苏兴化人。报人。“五四时期”求学于上海交通大学，经常给著名的《民国日报》副刊《觉悟》投稿，并与时任《觉悟》编辑的邵力子讨论种种社会改造问题。毕业后进入《申报》馆工作，抗战后任《申报》副总编辑。1929、1942年两度兼任复旦大学新闻系编辑教授；1930年兼任上海法政学院新闻专修科教授，讲授采访学；曾任《申报》新闻函授学校教授。1944年10月在重庆出版《上海报人的奋斗》。

续表

序号	姓名	是否留学及留学国家	从业经历	从教经历	著作
20	杜绍文①	无	杭州《民国日报》国际版编辑、《东南日报》《前线日报》主笔兼《新闻战线》周刊主编、《东南日报》总编辑、《文汇报》办公室主任	复旦大学新闻系	《新闻政策》《中国报人之路》《战时报学讲话》《国际新闻纵横谈》
21	胡道静②	无	《万有文库》编辑、上海通志馆编修、《通报》《中美日报》《大晚报》等报记者、编辑、撰稿人	上海法政学院新闻专修科	《上海新闻事业之史的发展》
22	张静庐	无	创办上海杂志公司并出任总经理		《中国的新闻记者与新闻纸》《中国近代出版史料》《中国现代出版史料》《中国出版史料》《在出版界二十年》
23	萨空了	无	《北京晚报》编辑记者、《世界日报》画刊编辑、《世界画报》总编辑、天津《大公报》艺术半月刊主编	民国学院新闻系、北京新闻专科学校	《科学的新闻学概论》

① 杜绍文（1909—？），又名杜超彬，广东澄海人。1927年入复旦大学中文学新闻组学习，1931年留校助教。后任杭州《民国日报》国际版编辑、资料室主任、浙江《东南日报》主笔。抗战期间主编浙江战时新闻学会会刊《战时记者》月刊,《国民日报》总编辑、社长；抗战胜利后任上海《前线日报》主笔兼《新闻战线》周刊主编。1946年至1951年间任复旦大学新闻系教授，1952年任上海《文汇报》记者、编委办公室主任。著有《新闻政策》《中国报人之路》《战时报学讲话》《国际新闻纵横谈》。

② 胡道静（1913—2003），安徽泾县人。1931年毕业于上海持志大学国语系。曾参加《万有文库》编辑和上海通志馆编修工作。“孤岛”时期坚守上海新闻界抗日宣传工作，任《通报》《中美日报》《大晚报》《密勒氏评论报》记者、编辑、撰稿人，同时在上海法政学院新闻专修科讲授新闻史课程，为共产党的抗日宣传培养新闻干部。1949年后历任中华书局上海编辑所编辑、上海人民出版社编审等。

续表

序号	姓名	是否留学及留学国家	从业经历	从教经历	著作
24	管照微[①]		复旦大学校刊编辑、1931 年兼任上海新闻社记者	兰州大学经济系	编《新闻学论集》
25	项士元				
26	蒋国珍	疑为《中国新闻发达史》的译者而非著者[②]			
28	李公凡	不详			
27	鲁风	不详			
28	刘元钊	不详			

① 管照微，高中就读于上海立达学园，曾与王济深、刘仲达、唐旭之等先后组织了“时潮社”和“立达剧团”。后进入复旦大学新闻系学习，与伍梦窗、林楚君、向浦、徐之津等加入了复旦大学“左联”，并负责复旦大学的校刊编辑工作。1933年12月21日因宣传左翼思想被捕，后任教于兰州大学经济系。

② 虞文俊是东亚中国新闻史研究第一人。《中国新闻发达史》译者蒋国珍初考［J］. 新闻界，2015（15）.

表2　书目

序号	年份	书名	作者	备注
1	1903	新闻学	〔日〕松本君平 著	
2	1913	实用新闻学	〔美〕休曼著 史青译	
3	1919.12	新闻学	徐宝璜[①] 著	北京大学 新闻研究会讲稿
4	1922.11	应用新闻学	任白涛[②] 著	
5	1923.8	实际应用新闻学	邵振青 著	北京平民大学、 国立法政大学讲义
6	1924.4	新闻事业	徐宝璜 胡愈之 著	
7	1924.6	新闻学总论	邵飘萍 著	
8	1925.1	新闻学大纲	伍超 著	
9	1925.2	新闻学撮要	戈公振[③] 编	
10	1927.9	中国新闻发达史	蒋国珍 著	
11	1927.11	中国报学史	戈公振 著	
12	1928.9	中国的新闻纸	张静庐 著	
13	1928.11	最新实验新闻学（上）	周孝庵 著	复旦大学新闻系
14	1928.11	最新实验新闻学（下）	周孝庵 著	复旦大学新闻系
15	1930.4	新闻事业经营法	吴定九 著	
16	1930.5	新闻概论	〔日〕杉村广太郎 著 王文萱 译	

① 徐宝璜，中国新闻学者、新闻教育家。1912年毕业于北京大学，后公费留美，于密歇根大学攻读经济学、新闻学。徐宝璜在美国密苏里大学受过系统的新闻学教育。

② 任白涛，笔名冷公、一碧，河南南阳人。1911年辛亥革命后，先后担任上海《民立报》《神州日报》《新闻报》驻河南特约通讯员，参加当地反袁活动。1916年留学日本，在早稻田大学攻读政治经济学，并加入了大日本新闻学会。

③ 戈公振所著的《中国报学史》最早由上海商务印书馆出版，是研究新闻学和我国新闻事业发展史的开山之作，国内外新闻界将之誉为中国首部新闻史学权威著作。任教上海国民大学期间，戈公振开始着手《中国报学史》一书的写作。在从事新闻工作之余，戈公振致力于新闻教育事业和新闻学研究工作，曾在上海国民大学、南方大学、大夏大学、复旦大学等校新闻系和杭州暑假报学讲习所讲授新闻学方面的课程，在新闻学研究上留下了许多著述。

续表

序号	年份	书名	作者	备注
17	1930.8	中国新闻事业（上）	黄天鹏① 著	
18	1930.8	中国新闻事业（下）	黄天鹏 著	
19	1930.8	新闻纸研究	〔日〕后藤武男 著 俞康德 译述	
20	1930.9	浙江新闻史（上）	项士元 编	
21	1930.9	浙江新闻史（下）	项士元 编	
22	1932.7	学校新闻讲话	袁殊 著	
23	1932.8	外人在华的新闻事业	赵敏恒 著	
24	1933.4	新闻学入门	黄天鹏 著	
25	1933.10	新闻学论集	管照微 编	复旦新闻学会丛书
26	1935	实用新闻学（上）	谢六逸② 编	申报新闻函授学校讲义之三
27	1935	实用新闻学（下）	谢六逸 编	申报新闻函授学校讲义之三
28	1934.1	新闻学	曹用先	
29	1934.2	新闻学概要	黄天鹏 编	复旦大学讲义、上海沪江大学新闻学专修科
30	1935	上海新闻事业之史的发展	胡道静 著	
31	1936.5	新闻学讲话	刘元钊 编著	

① 黄天鹏，字天鹏，别号天庐。1927年1月，他创办了我国首个新闻学刊（1929年扩改为《报学月刊》）并任主编；他是我国新闻学术史上最早研究新闻学之产生及发展史的学者，是我国具有新闻学术史观的第一人。他于1923年就读于北京平民大学报学系，1929年留学日本,修业新研究所,旋入早稻田大学新闻系。归国后出版了《新闻文学概论》《中国新闻事业》《新闻学入门》《新闻学概要》等十余本新闻学专著。

② 谢六逸，中国现代新闻教育事业的奠基者之一。著名的作家、翻译家、教授。1917年以公费生身份赴日就读于早稻田大学。1922年毕业归国，入商务印书馆工作。后历任神州女校教务主任及暨南大学、复旦大学、大夏大学教授。1930年任复旦大学中文系主任，并创设了后来闻名海内外的复旦大学新闻系，任主任。

续表

序号	年份	书名	作者	备注
32	1936	本国新闻事业	郭步陶 编著	申报新闻函授学校讲义十一
33	1936.6	新闻之理论与现象	张友渔 著	
34	1936.11	记者道	袁殊 著	
35	1937.7	现代新闻学概论	储玉坤 著	国民党政府唯一指定大学新闻理论教科书
36	1938.7	战时新闻学	任毕明 著	
37	1938.9	中国近代之报业（上）	赵君豪 著	
38	1938.9	中国近代之报业（下）	赵君豪 著	
39	1938.10	基础新闻学	李公凡 著	
40	1939.7	中国报人之路	杜绍文 著	
41	1940.4	新闻学	戈公振 著	1932 年完稿，另有 1947 年版
42	1941	新闻学的基础知识（上）	中美日报读讯会 编	中美日报读讯会实用新闻学讲义
43	1941	新闻学的基础知识（下）	中美日报读讯会 编	中美日报读讯会实用新闻学讲义
44	1941.7	综合新闻学 1	任白涛 著	
45	1941.7	综合新闻学 2	任白涛 著	
46	1941.7	综合新闻学 3	任白涛 著	
47	1944.9	新闻学	鲁风 著	新中国自修学院约稿
48	1946.6	科学的新闻学概论	萨空了 著	另有 1945.3 出版的署名艾秋飚的版本
49	1946.11	新闻史上的新时代	胡道静 著	
50	1947.12	新闻学的理论与实际	〔英〕斯蒂德 著 王季深 吴饮冰 译	上海文化函授学校读本

目次

緒言……一
第二章　新聞記者之地位與資格……二六
第三章　新聞社之組織……四八
第四章　新聞紙之表裏……七五
第五章　世界的通信事業……九五
第六章　新聞紙之進化史略……一二三
第七章　新聞紙之法律問題……一五三
第八章　我國新聞事業之現狀……二二四
第九章　新聞事業之將來……二四四
第十章　餘論……二五三

新聞學總論

國立法政大學新聞學講義

邵振青　飄萍講述

緒言

新聞學上普通之知識、不獨爲新聞記者所應具、即多數國民、最好亦能使之相當了解、庶幾對於新聞之論載、可以減少錯誤之觀察、且所謂新聞知識者、不僅應用於新聞而已、凡觀察社會上政治上一切事物、苟其具有新聞之知識、則較諸一般人爲易覓得事物之要領、加以正當明確之判斷、然則新聞學云云、固所以學爲新聞記者、實即處世窮理之學、欲在社會上政治上有所活動者、皆應視爲一種必要之知識而研究之、不能盡委諸所謂新聞記者之一部分人、蓋明甚矣。

抑所謂新聞學者、初視之其範圍似甚狹隘、不過關於新聞之採集編輯以及營業方面之發行廣告等事耳。然卽以新聞之採集編輯言之、已包含世界上其大無外其小無內之事物、非洞明人生一切之關係、未可遽云勝任而愉快。是外觀似僅爲一種學問、而須有無數學問以爲之助也。猶之業偵探者、其目的在於打破秘密之罪惡、解決於法律。然所以運用打破秘密之手腕、使奸人無所遁飾者、須有種種知識與閱歷、以窮其理而知其必然。故雖遇有千變萬化驚心眩目之奇案、惟老偵探家能以最複雜之腦筋、最廣博之知識、最靈敏之手腕、摘奸發伏、求得眞確之事實。新聞之學亦然。以一人而應萬事萬物之變化、非有最廣博之知識與閱歷、不足以籠罩之。從另一方面言之、果能精於新聞之學、則觀察世界萬事萬物、尚安有遁飾之餘地耶？吾所謂凡欲在社會上政治上活動之人、皆不可以不研究新聞學者、其理由卽在是也。

雖然、此特就理想的新聞記者或政治家而言之耳、若論多數國民、亦安敢望其人人有是。祇須具有新聞學上普通之知識、則以職業言、中學畢業之學生、已可充一尋常的新聞記者、卽非從事於新聞之業、而觀察一切事物、亦易於得其要領、加以正當明確之判斷、是卽本書之所爲作耳。

於是吾將漸述新聞紙與人類生活之關係矣、凡人羣之相聚、必有語言以通其情愫、語言之效力、僅及於一地一時、不足以垂諸久遠、乃有文字以與語言並行、處今日之世界、除去極野蠻無教育無文字之少數人種外、殆十之八九皆有新聞紙以爲日常生活中必需之品、試觀甲國人之寄居乙國者、雖人數不多、亦每發行其本國文字之新聞紙以爲傳達消息之利器、歐美日本人之在中國、不問京津滬漢……皆有數種新聞紙以代表其言論與主張、報告我國消息於其本國之朝野、我國人之在他國、如美洲、如南洋、凡華僑勢力較大之處、亦必有數種華文之新聞紙以爲聯絡感情互通消息之用、其他各國、莫不皆然、雖程度不同、內容各異、而人類生活之不可一日無新聞紙、則已大足以證明矣。

新聞紙爲文明的產物中最普遍且最貴重之日常生活必需品、既如上述、故世界各國新聞紙出版之種數與其發行之額數、必與其國之文明程度爲比例、教育普及、交通便利、實業發達、政治修明、則新聞紙出版之種數與其發行之額數必多、蓋必教育普及、然後識字者夥、無論士農工商婦孺老幼、既皆能讀普通之新聞紙、尤各有其愛讀之專門的新聞雜誌、爲其種數與發行之額數自不期而增多矣。

又如交通便利、則非但新聞消息格外靈通、且輸送迅速、能使多數人得爭先快覩之樂、益引起其對於新聞之興味、此最足以促進新聞事業之發達者也。

新聞社之所賴以營養與擴張者、大部分爲廣告之收入、實業發達、則廣告增加、廣告費之收入愈多、新聞社之改進與增設亦必愈速、因新聞之鼓吹、實業遂更爲發達、而互爲因果互相援助之關係生矣。

凡政治不良之國家、對於言論每多採取壓迫限制之政策、政治修明、國民之言論、乃可得法律上所賦予之自由、新聞紙之勢力、足以監督政府、指導國民政府與國民莫不重視新聞紙、則新聞事業之發達、乃當然之結果耳。

以上所舉之四例、惟文明國爲能如是、新聞紙出版之種數與其發行之額數、所以與文明程度成正比例者、蓋必然之事也、故如歐美各文明國、新聞雜誌種類之多、殆不可以數計、而每日發行之額、動逾數百萬、最普通者亦每日十餘萬或數十萬、日本之「每日」「朝日」已達數十萬矣、獨我國所稱爲發行額最多之新聞、乃每日未達十萬之數、而種類之少、設備之陋、尤足以顯示文明低稚之特色、試以上述四例衡之、殆無一可與各國相提並論者、豈非「新聞事業之發達與文明程度爲比例」之確證哉。

新聞紙所以成爲人類日常生活必需品者、蓋凡人皆不能離羣而爲一人單獨之生活、彼無語言文字之動物、猶且於其羣中時爲嚶嚶求友之表示、況人類尤具社交性與愛羣愛國之觀念、對於新知識之慾望、有不間斷之要求、對於同羣同國之利害關係、有守望相助疾病相扶持之義務、故必用種種方法以互相傳達其意志感情趣味知識與夫一切利害有關之消息、而新聞紙則最足以當此重大之任務、且爲最精妙敏活之機關、久而久之、由簡單趨於複雜、由狹隘趨於普遍、更因事之種類而行種種之分業、（例如工商各業之專門的新聞雜誌、以及婦女與兒童之各有新聞雜誌）人類之依賴益專、信仰愈力、新聞之勢力、遂駕政權金權及武力强權而上之、以至風靡於全人類全世界者、蓋決非偶然之故矣。

本書之目的、既在介紹新聞學上普通之知識、故對於新聞學之各部分、皆以淺顯之理論、說明其概要、而如訪問編輯發行廣告……等之種種具體方法、則有待於專書、亦當以次撰述、供有志斯學者研究之一助焉。

第一章　新聞事業之特質

第一節　社會公共機關

新聞紙之重大任務、既在對於人類間互相傳達其意志感情趣味知識與夫一切利害有關之消息、故從事於新聞事業者、認明此種事業之特質、第一當澈底覺悟新聞紙之爲社會公共機關、根據事實與信奉眞理、皆以社會公意爲標準、非辦理新聞社之個人或團體所可因一己或少數人之感情利害關係而任意左右之、所以成爲新聞事業之特質者、蓋事業與營業、其趣味完全不同、新聞事業、尤與銀行公司店鋪等、惟以營利爲目的者有別、欲判斷新聞紙的價値之有無大小、即以是否適合乎社會公共機關之特質爲第一必要條件、故新聞紙上之一切論載、不問爲社長之主張、或主筆記者、與夫外間不知姓氏之投稿、一經披露、即對社會負有一種責任、皆當於可能的範圍求其無色透明公平正直而不偏重於一人一派之感情及利害關係、從理論上言之、新聞事業、非如銀行公司等有業主（或股東）與顧客之別、記者與讀者之間、並非股東與顧客之關係、讀者可爲記者、記者亦即讀者、總之社內與社外、乃職掌形式之不同、非主客性質之有異、雖一社之中、有社長有主筆有股東有記者有社員、其外形與營利的銀行公司相似、然苟爲賢明之社長主筆、其眼光手腕必注射發揮於社會大多數的利益之上、不僅如銀行公司之經理、只代表股東專爲本社謀一時一事之利益、故論新聞事業之第一特質、即在與全社會之人皆有關係人人皆爲此種事業有機體的組織之一分子惟事實上勢不能使全社會之人皆來從事於斯業、則所謂社長主筆等、不過爲社會所假手而委託以社長主筆之職務、明乎此則知社會中之人人皆屬股東、爲社長主筆者、自不可不以大多數的股東之利害爲標準、定其事業之方針、而因能發揮其社會公共機關的特質之故、大多數人不期而皆寄其同情與信仰、威權確立、聲價增高、發行額數愈多、廣告收入益富、以社會中大多數人爲後盾、不啻皆實際繳納資本之股東也、故有時雖爲社會全體利害計、毅然犧牲一部分的利益、似與銀行公司等之專以營利爲目的者背道而馳、然最後所得之效果、其事業遂因有全社會爲後盾之故、突飛進步、無限擴張、永遠立於不敗之地、是始之不徒以營利爲目的者、反因是而得極大之利益、可以此更爲社會盡力之資焉、

所謂『新聞事業爲社會公共機關』、此種特質之見解、不但爲從事於新聞事業者所宜徹底覺悟、始終堅持、無使或失、且在社會方面、亦當使之人人了解、庶幾國民有選擇新聞紙之知識、貽『徒知爲一人一派謀小己的利益而不顧社

會全體者」以極大之制裁、則彼故意的顛倒黑白、混淆是非、惟以不正手段欺朦徼幸之輩、自無所施其技、終不能不屈服於「輿論的輿論」、從正當方面經營以社會爲本位之新聞事業焉、是故此種特質之闡明、不但欲使社會得新聞事業之助以促其改進、而新聞事業之正面的反面的得社會之力以促其改進者、亦屬顯著之事實、最後乃確信新聞事業與社會之關係、其間種種相互之功效、蓋社會學新聞學中至有興味而非一時的研究所可盡之問題、試閉目以思、今日之世界、苟無新聞紙、當成如何之現象？反之、今日全世界各國所有之新聞紙、其每日所發表之一字一句、何莫非社會事物之反映、而及於人生之影響、直接間接、正面反面、現在未來、千奇百怪、不可思議、不可髣髴、例如歐戰發軔之新聞電報、寥寥數言、不兩日間、全球震動、各國朝野皆因適應形勢而有種種計畫、種種準備、直使世界人類全體、如觸電流、苟非新聞之力、安能如是其普遍而迅速、人人可以僅出最廉之代價而知重要之消息、又如新聞紙中所載要聞評論之外、如小說詩辭詩歌插畫、亦無不有社會的生命與彈力、轉移若干讀者之思想行爲、即以廣告方面言之、一種新廣告、當有多少人受其影響而發生昨日並未設想及此之新動作、是故新聞紙上之文字、悉爲人類營社會的共同生活之產物、其關係之奇妙、非千言萬語所能罄、且可知今後之新聞事業、必日趨於「社會化」、決非少數一部分人所可得而私、遲有斷者耳

第二節　國民輿論代表

新聞紙爲社會公共機關、已於上節闡明其理論、人類之社會的共同生活、胥以國家的或民族的形式、爲其範圍、當現世此種範圍、尚未打破以前、國家或民族的有機體內共同生活之分子、是之謂國民、另一方面觀之、國家與民族、皆爲社會之一種、故營此種社會的共同生活者、即國民也、新聞紙既爲社會公共機關、

同時即爲國民輿論之代表、乃新聞事業之第二特質。

所謂人類之社會生活、皆以國家的或民族的形式爲範圍者、如各人精神的物質的自由之安全保護、以至文明哲學道德宗教產業法律……舉不能脫離此種範圍。世界自有歷史以來、無論何種人物、莫不冠以國家或民族之名而出現、至現在之時代止、尚未許『無籍者』之存在焉、縱使外形上反對此種範圍或認爲可以超越者、然其思想與感情、必仍具有國民生活之精神的要素、例如托爾斯泰自稱爲世界之無籍者、實則彼之哲學藝術趣味信念傾嚮等、皆仍不離乎露西亞(俄)人之特色、又如基督因欲打破猶太人之迷夢而創立宗教、宣揚其教義、然苟除去當時之文明風土民種之特有觀念、恐無何等光輝尊嚴之可言矣。

是故近代人之生活、大多數仍以對於國家如何爲判斷價值之根據、舉凡善惡邪正權力利害名譽之標幟、皆以國家爲境域、換言之、人類今尙營共同生活於國家的形式之下、凡人既不能離羣而爲孤棲之生活、故人人皆爲國民之一分子、新聞紙既爲社會公共機關、同時即爲國民輿論之代表者、乃至爲明瞭之事也、新聞紙與國民既有上述之關係、於是欲考察一國國民之言論思想者、多於新聞紙中求之、一讀英國之新聞紙、即可以知英國國民之意嚮、一讀德國之新聞紙、即可以知德國國民之意嚮、其餘無論何國莫不皆然、各國人之研究我國者、自最注意於我國之新聞紙、在平時可以察知一般的國民性之如何、在有特別問題時則可以察知對於某項問題之主張態度、皆賴有新聞紙之表現以爲之助耳、雖同在一國之中、有時對於內政外交之議論頗呈不一致之狀態、爲各國所常有之事實、然皆不過因方法手段上主張不同所起之爭辯、對於國家國民繁榮發達之根本目的初無少異、例如我國今日之新聞紙、關於內政外交之議論亦極紛紜然如滿清帝政之不容復活從前與各國所訂不平等之條約及因而喪失之主權利益宜設法改正收回則無論何人皆無二致將各種新聞紙綜合觀之即不難測知大多數國民意嚮之所在矣

又關於新聞紙主張不同而仍不失爲代表國民輿論一點可以國會中政黨政派之對峙情形說明之每一種新聞紙之背後必有贊同其主張崇拜其議論之若干國民爲其後盾新聞紙即不啻日日發表彼輩之所欲言者贊同崇拜之人愈多則新聞紙之勢力愈厚換言之即被其代表者之人愈多而已國會中之政黨政派亦各有若干國民立於其後因之被選議員有多寡政黨遂以是有多數派與少數派之不同然不問其爲何派之議員不能謂甲係國民的代表乙獨非國民的代表也總之凡披露於新聞紙上之文字不問爲一篇論說或數行紀事乃至幾句諧詞半幅挿畫其見解不必一一皆同而莫非社會的及國民的思想

之發露、此代表國民輿論之任務、所以爲新聞事業之第二特質也。

從另一方面觀察之、明乎新聞事業之特質、乃爲國民輿論之代表者、則吾人執筆而爲新聞之紀載評論時、即當默察多數國民之心理、與夫人羣發達進步之潮流、不致因一人一時之私見或利害關係、發爲非國民的悖謬之議論、致失多數國民之信仰與同情、此實與新聞事業之前途有莫大影響、爲業新聞者所不可不知之事、因有此種影響、故事實上新聞紙決無脫離現實的社會之情狀、而爲過先或過後於時代之論載者、此新聞紙所以自然成爲社會與國家之背景、字字不能與國民之現實生活無關係耳。

第三節　最普遍的教育

社會公共機關、國民輿論代表、爲新聞事業之兩項特質、既如前節所述、此外尚有意味更爲重大之一種任務、可稱新聞事業之特質之一者、則新聞紙有最普中幾種教科書之範圍、亦決非一二學者政治家宗教家之講授演說所能及、凡人生必要之知識、且隨時代潮流以進步、此所謂活的教育、其効力不限於學校前車、皆以事實爲其教育之材料、而不偏於虛無縹渺之理論、使讀者漸得各種之中、且人間所日日發見之新奇事物、千變萬化、或爲成功之模範、或爲失敗之知識之一極小部分、新聞紙則自兒童識字以至於老死、無日不在教育的範圍課程時間者廣狹懸殊、久暫迥別、學校有畢業之年限、其教育之効果、不過求得以應人類新知識之要求、日復一日、年復一年、毫不間斷、較諸學校教育之限於趣味實益與夫一切有關人生之問題及答案、每日供給多數讀者之需要、卽所中皆有不可滿足之新知識的要求、新聞紙以『日日新又日新』之各項消息

文明人類之日常生活、何以不可一日無新聞紙、上節曾畧述之、蓋因人人心理遍的指導國民之效果、卽教育的特質是也、

人除在學校中一定年限之教育以外、即全賴新聞紙之日日給以研究之資材、爲終身不斷之修養、故苟有離羣索居、終年或數月不與新聞紙接觸者、即將成爲不知世務後於時勢之人、不啻塞聰明、一切觀察判斷必易流於錯誤、可見學校之教育尚可以請假輟課、不難於補習、新聞紙之教育則不容一日間斷、一日之新聞紙皆與社會政治之變遷有關、其範圍之寬廣、勢力之偉大、不啻國民之無邊大講座也、

夫新聞紙實際上所負教育之任務既如是其重、然不問男女老幼、出最廉之代價、即可以得內容豐富之講義、（新聞紙）故一般人每未覺得新聞紙之効力竟與教育相埒、且不知其影響之速、尤駕教育而上之、是猶之有形之麵包與無形之空氣、麵包不易得、人人皆知不食則將餓死、空氣最易得、人人自易忘却無空氣之立刻不能呼吸矣、故教育與人之知識有如麵包、新聞紙與人之聰明則

如空氣、凡人苟生活於汚濁之空氣中、不期而身體即受其影響、業新聞者旣知新聞紙影響於人人之知識聰明如是其速且鉅、則選擇敎材之宜愼、又豈待詞費也哉

社會中有一部分人對於新聞紙上之紀載往往喜加以否定之態度或挾懷疑之見解者、此固由於新聞紙中所記之事、未必皆一一無誤、其錯誤之原因、不外爲時間或知識與財力之所限制、不能凡事皆立刻知其內容之究竟、亦有一類黨派機關之新聞紙、因有何作用、故意爲不實之報告者、此則出於新聞紙正當的範圍之外、新聞記者應竭力矯正之、但新聞紙之紀載雖不敢謂其一一無誤、然一般人所賴以得眞確之消息者、仍不外於從新聞紙中求之、且凡進步之新聞紙、縱其紀載難免偶有無心之錯誤、亦究屬少數與例外、除去新聞紙、更別無如是其繼續不斷迅速普遍者、試問彼喜爲否定懷疑的見解之人、所得世界大

事之報告、國內社會政治之近情、非仍從新聞紙中來耶？故動輒詈新聞紙之消息爲「報紙謠言」者、非陳腐偏見、即因噎廢食之談而已。（報紙謠言一語、最多見於我國官廳文告及武人之電報中、然此種文告電報有時開口亦每稱「據報載……」如何云云、亦足見其矛盾矣）

從另一方面觀察之、我國今日尚在幼稚時代之新聞紙、却以「新聞材料缺乏及所載消息不確」爲兩種極大病根。新聞紙既爲活的教育之最良機關、吾人即當竭力設法彌補上述兩種缺憾、以無負於教育之任務、此爲業新聞者與社會中之人人所當共相策勉之事。

新聞紙中之言論批評、爲對於政府社會監督指導之利器、所謂指導者、亦即含有教育之意味。但又有一部分人、每對於新聞紙之言論批評、視爲無足輕重者、是亦與上述對於新聞消息輒加懷疑否定之輩、陷於同類之錯誤。蓋新聞紙中之有言論批評、其最著之效力、在將一種問題引讀者於『觀察綿密判斷公平』之路、如某某事件之變化推移、因果關係、發展歸結、乃至直接間接所生之一切影響、皆於最要之點上加以適切明快之指示、能喚起多數讀者、使咸注意於此問題、故新聞紙上之批評言論、於其謂爲注重最後之斷定、毋寧謂爲注重最初之說明、有時頗似檢察官偵查預審之結果、以此爲起訴狀而請社會加以最後之裁判、非必一一皆先爲不可移易之斷定也、惟至少必曾經偵查預審、使讀者不至於誤入歧途而已、而新聞紙中言論批評之注重說明方面、乃屬近世新聞學上之一新傾嚮、從前之論說、少事實而多論斷、現在之論說、則全篇羅列事實、但加以若干觀察研究之心得、因事實乃最易於証明是非之故、其足令讀者同情信仰、反較諸憑空臆斷之言爲有力、凡披閱新聞紙者、大抵多事務紛繁、無暇對於各項問題爲細密沉靜之研究、新聞記者若能於消息之外、供給正確之觀念則大可以節省讀者之光陰而不肯遽作最後之斷定又留讀者以自由裁判之餘地、然則新聞紙上之言論批評、與一般人之觀察事理有極重要之關係、積之既久、自足增長多數國民之知識其教育的勢力之偉大、無論何人不能不足認之、於此吾又不能不對於業新聞者加以懇切之警戒、言論批評之權威既有轉移人心趨嚮之勢力、則尤當以愼重嚴正出之、否則自失社會中師傅之地位、蔑視者更將有所藉口、不啻新聞業者之自殺也、總之、新聞紙中之消息評論、乃至其餘極小之部分、皆含多量教育的性質、皆屬有關人生之活的學問、而爲學校教育所苦難於遍及者、新聞記者所負責任之如何重大、亦可以思過半矣、

最後因新聞事業之教育的特質、有時遇一極關重要之問題、羣衆之意見、或不幸而失之武斷、流於偏激、新聞紙之教育的任務、既不僅爲輿論之代表、而兼負

有指導糾正之職責、則尤應根據事理、人醉獨醒、挽救羣衆之謬誤、使其回復於正軌、是故新聞事業之政策、大體在得社會多數之同情、不能不迎合乎各方讀者之心理、然不宜不問事實理性、而一味以盲從迎合爲事、此即因新聞紙之有教育的機能、其眼光與理解、皆當比一般人爲遠大故耳。

第四節　多量藝術要素

當新聞事業尙在極幼稚之時期、一般人最易發生一種謬誤之感想、即以爲新聞事業者、似只須普通讀書能文之士皆可爲之、此種時期、我國尙未完全過去、歐美日本諸邦則已不留片影矣、蓋欲新聞紙之完美無缺、非僅讀書能文者所可勝任而愉快、其中實含多量藝術的要素、亦新聞事業之一特質也、

所謂藝術的要素者、不僅指有趣味之記事、或研究文藝小說詩歌及寫眞圖畫等等而已也、凡製作原稿、選擇材料、大小標題、排印地位、以至一新聞社中各部

之聯絡、工場之設備、皆不離乎藝術的性質、試以政府機關所辦之官報與普通新聞紙比較觀之、官報之內容、非無新聞之原料、而其製作之方法、陳陳相因、滿紙腐氣、使人未閱畢而昏昏欲睡、既莫辨其何項爲可注意、更無絲毫引人興味之處、同一文字與紙墨機器、何以官報之可厭如此、無他、缺乏藝術的要素故耳、若夫理想的新聞紙、則大大不然、當外交記者 Reporter 之探訪消息製作原稿時、某一段敍述在前、某一段配置在後、敍述某種重大秘密問題、應透露達於如何之程度、某類事應用某類之文詞、如文言白話莊重詼諧、莫不各有所適、如何可以引人入勝、使讀者披閱不倦、印入腦筋而不能忘、僅此原稿未入新聞社以前之第一步、試問已運用多少藝術的要素、至於編輯部對於原稿之修飾、第一事如大小標題之適否、即立見藝術之競爭、蓋同是一項新聞、而各社之標題不一、大足以影響於新聞之價值、此外如斟酌紙面字數行數之多寡長短形式地

位先後、莫不需要藝術的趣味、使讀者披閱新聞紙時、覺得事事跳躍於紙上、而上之所述、猶不過其一端耳、

新聞紙決非對於社會僅爲平面的描寫、須有甚深之立體的觀察、不獨橫的照見世間之事物、更須縱的貫穿問題之中心、有時以直線的方法、說明此事之始末、有時以曲線的方法、迴翔此事之周圍、其感覺非常敏銳、其神經無時休息、細微之刺激、頓起強烈之衝動、每見其披藝術之文繡、與世人握手跳舞於莊嚴絢爛之廣大的交際場中也。

新聞紙所以構成之原料、固如其名稱之所示者、以新聞消息爲最重要之部分、但從此類新聞消息中、有時爲科學上之新發見、有時指示思想界以新哲理之根源、蓋理想的新聞紙者、乃聚多數專門名家、以充其顧問、而其支配世人之感情、尤具莫大之魔力、其善良之作用、在使人心美化、養成社會豐麗之情操、反之、

一誤其感情的傾嚮、挑撥羣衆之心理、而誘發意外之現象、政變也、戰爭也、有最初發動於新聞紙之一言者、反之亦有因新聞紙之一電、得維持數十年之平和狀態者、是故新聞紙之靈魂、應冷靜活躍於理智之世界、而耕耘於世人感情之畎畝、常以最新之事實與最有興味之問題、涵養一般人之趣味性、將世人從枯寂冷酷之心境中救出、凡此皆緣於新聞紙之有藝術的特質、決非政府之官報、警廳之公示、裁判所之記錄、與夫銀行公司之報告書等、所可同日而語者矣。

新聞紙應於某種問題適當之程度、有時加以前途發展之暗示、有時於紀載中兼含刺諷之意味、皆所以避乾燥之病、使讀者更易受其感動、即如一二三四五六等號鉛字之大小、在一條新聞中採用多種體型之鉛字、如何乃可以奪目動人、使彼素不注意者亦不能漠然置之、凡此皆與藝術方面之關係甚大、又如研究讀者目光之所及、何處最爲注意之焦點、因將何種重要問題排列於某處、廣告方面之新奇方法尤爲日出而不窮、即以判其價格之高下且在新聞社中編輯之時間、無論如何難決之問題殆不容有半小時之思索必須心靈手敏隨問題之發生而立行解決苟非具有藝術的天才與素養者、安足以語此哉

第二章　新聞記者之地位與資格

第五節　社會之公人

此所謂新聞記者、乃包含外交編輯兩大部分從事於新聞之蒐集紀載評論諸職務者爲限、不能與其他發行廣告會計等從事於新聞業者相混同、社員之應分別『記者與非記者』頗有重要之意味、蓋因兩者之地位性質及其職務之範圍完全不同、若與其他社員一律視之、則殊足損害其職務之圓滿、一言蔽之、新聞記者乃『社會之公人』也

欲擇一社會中地位與新聞記者相似之職務以作比擬、司法機關之法官與學

校之教授頗皆有一部分相同之處、司法總長可以任命法官、而不能干涉法官之審判、大學校長可以聘請教授、而不能視教授爲一普通傭雇之職員、新聞記者之對於社長亦然、不能如其他社員之絕對受社長指揮、因其同時對於社會須負公正無私之責任、故記者之與社長、除俸給問題以外、其地位資格以及人格的權威、與社長並無高下、從另一方面觀察之、其所負新聞記者之責任、有時且較諸社長爲重要、蓋社長僅爲一社事務之主宰者、而新聞記者則爲社會之公人故也

若充新聞社之社長者、不兼記者之職務、而僅爲營業方面股東之代表、則上述之關係、尤當明白認識、不能隨資本主之使喚、而自損其地位之尊嚴、新聞社在營業方面、社長代表股東之利害、其與社員之關係、與銀行公司殊無少異、故對社員(非記者)應有隨時可以指揮命令之權、於此即當嚴正區分社員中記者

與非記者之別、蓋非記者之社員、（如發行、廣告、會計、工場中職員等）其職務之目的、在專謀一社之利益、離去本社、即絕無責任可言、至於記者之職務、謂其目的在於本社之利益、無寧謂爲在於社會之公益、因其精神與肉體之勞動、大抵皆爲對於外交內政之研究探索、如何與國家有利、如何與國民有益、如何供給多數人以興味、範圍不限於一社、而以公平確實正直無私、爲其職務之生命、彼當覺悟係代表社會多數人之利害、不當僅爲一社計利害也、然其最後之結果、苟某社之記者、能事事不失公平確實正直無私之原則、社會多數之同情、不期自集於一社、一社之發展、其原方悉在乎是、殆較諸非記者之活動爲有力、此記者與非記者所以應嚴格區分之理由、最後則社會之公益、與一社之私益、仍可以使之一致焉、

新聞記者就職於某社、爲日夜不休之精神勞働、與肉體勞働、（運思、作文、奔走

探訪等）以其知識與文詞易得相當之酬報、其人格則始終完全保存高置於「非賣品」之列、社會方面於觀其知識文詞之外、更以人格爲要件而共許以社會公人之地位、因是社會得其益而直接受大影響者、即爲一社之事業、故各國之大新聞社、既對於記者或非記者之區分甚爲重視、則一社之中編輯部自居獨立之地位、其所主張、不受營業方面之干涉、然後可以凡事公平正直、不因社中一時一事的利害發生矛盾之失態、而其結果則編輯部能獨立而注重社會多數利益者、其事業之發展、必較他社爲迅速、此社會信仰關係、始可謂必然之勢、是故新聞記者之就職於一社、與銀行公司中傭雇之人大異其性質、換言之、新聞記者之與社長股東、並非資本家與勞働者之關係、因前章曾言新聞社爲社會公共機關、無股東與顧客之別、且記者即讀者、讀者即記者、則記者之地位、可認爲社會公衆所推舉、使在新聞社中司發言之使命者、故非社長或資本主所可任意左右之、亦非社會中之一部分人所可任意左右之、能悟此旨、則社會公人之意義、可以完全明瞭、而新聞記者自身之覺悟、亦即可本此義以守而勿失矣、

第六節　精神體格之健全

凡爲新聞記者、無論其所司之職、或係外交、或係編輯、或任批評、第一要在精神之充滿、且將各種問題時時縈繞於腦府、警戒不怠、惟恐其逃逸、後時剖析分毫、惟恐其理解疎漏、故精神方面之訓練不成熟者、決不足以充新聞記者、所謂精神方面之訓練、可分爲知識與德性兩大部分、新聞記者之知識、除關於新聞學之研究外、如政治經濟法律社會學及其他之科學等、平時必有數種專門之特長、各國之語言文字、尤爲諸種學科以外必不可少之練習、而知識方面爲新聞記者所當特別異於常人者、即非具有最普遍最豐富之「高等的常識」是也、

世每有專門學者、對於彼之所學有甚深之研究、有特別之發明、然此類專門學士、可以居大學之講座、而不能任新聞社之記者、因其於某種專門學科之外、不免所知之事物甚少、故不足以應千變萬化內容複雜之新聞、新聞記者則眼光四射、盡其天才時間之所能及、無所不讀、無所不聽、養成普遍豐富之高等的常識、無論紀載何事與何種人接談、對於凡事凡物皆有相當之理解、是因其平時耳目所觸、無不十分注意、積之既久、其腦筋遂如百科全書、應有儘有、不至動輒暴露俗語所謂「外行」與失態、是故新聞記者既須奮勇於職務、更當時時勤學、自強不息、其心目中每日必有新知識增加、雖不敢謂無所不知、而常識之豐富、殆非一般人或專門學者之所能及、此新聞記者知識方面之第一必要條件也。

所謂「高等的常識」者、與世人所稱之常識、比較有異、蓋世人所稱之普通常識大約中學畢業或與之有同等學力者、即可稱有普通常識之人、然苟以之充職務較爲繁重之新聞記者、則嫌其不足、必也對於專門學者之意見、有充分了解之程度、對於專門的事件之紀述、有明確觀察之識力、而尤在平時即有頭腦明晰之素養、其所具理解、足爲裁量多數事物之尺度、而上述所謂必須有數種專門之特長者、則視所任職務而人各不同、例如政治部記者以政治法律外交爲必要、經濟部記者以財政經濟金融產業爲必要、社會部記者範圍愈廣、除對於政治經濟須有常識外、關於社會學、都市之設施、勞働問題、犯罪問題等更有研究之必要、此外則欲爲優秀的新聞記者、不問其分業上所担任之屬何職、尙有共通必須注意之兩事、（一）爲世界新潮中之思想問題、應時時追隨研究、以與本國之情形對照、切勿爲新時勢中之落伍者、（二）爲本國文學之修養、無論爲紀事體或辨論體、必使白話文言皆能簡潔明快、下筆迅速、既可以省時聞、又充分足以自達其所見、且略含有美術之意味、除去紀述某問題之理由見解外、其文詞亦具幾分動人之魔力、此在我國更不能謂非必要事也、惟新聞紙中之文章、與普通所謂古文詞章、又大不相同而已、總之新聞記者爲『斷智』之壯士、古人所謂『一物不知儒者之恥』在說明知識方面、此言却可以借用、以下試再述新聞記者之德性問題、因若有知識而無德性、則人格不完、不能謂爲精神之已健全也。

新聞記者應具之德性、與一般人並無大異、其第一重要者曰人格之尊嚴與獨立、上節於論『記者或非記者之當區別』時、已略及之、惟新聞記者所處之地位環境、及其活動時所用之手段、有易損及人格之尊嚴與獨立者、差之毫釐、謬以千里、故不可不特別注意、蓋新聞記者之地位、操輿論之柄、據是非褒貶之權、充其範圍、足以左右全國、驚動世界、近世各國之怪傑、如拿破崙、俾士麥等、莫不思設法以利用之、因是政治上社會上日夜攻擊、牽引、包圍、誘惑於其旁者、殆可謂與其人之資格聲望爲比例、而無所不有、世界自有新聞紙以來、記者之中途陷溺墮落於若輩之手者、殆不知若干人矣、苟欲永久立於言論權威之地位、第一當時時戰勝此類難關、而以重重鐵甲保護其人格、不墮落、則飛昇、故最易聳譽於中外者、亦新聞記者之地位也、至新聞記者活動之手段、交際不能純以道德爲標準、惟視與新聞之有無關係、且待人接物、一本平等之觀念、不問其所處地位之何若、在新聞記者之眼光視之、悉爲供給新聞材料之人而已、有時極重要之新聞、因侍役之一言而得探索之徑路、故新聞記者、又不能專以階級爲交際之標準、必使人人視爲可親、而人人視爲不可犯、此新聞記者交際之要訣、彼只能擺大人先生之架子、或流於足恭諂諛之態度者、皆不足以使職務圓滿成功也明矣。

以下再論體格方面新聞記者之業務每與普通衞生之原則背馳其最無法避免者(一)睡眠時間比常人爲少(二)飲食無適宜之量與時(三)腦筋之終日不得休息(四)晨夕奔馳不能爲適當之休息與運動醫學博士湯爾和先生爲余作實際應用新聞學序文其中有數語曰『新聞記者之生活直與常人異趣語其大概可以飲食無節起居不時二語括之即此二端已犯養生大戒據醫家統計凡貧血便秘神經衰弱之流新聞家必占多數其故可知身體不能堅強則從事精神操作者凡觀察言論行爲舉措無一而非失策』此專門學者之言可爲新聞記者當頭之一棒喝新聞記者生活之環境如此故非體格極健全者亦決不足以充新聞記者以余自身之經驗言之十三年以來日蹈上述之險象而從未有五日以上臥床之病且所處地位決不能有三日完全休息而日夜操作侍役皆不勝其勞必有兩人輪流方足供余之使令然且一無所成而早衰之象

已見、由今思之、似新聞記者最活動之時期、當在年齡二十五與四十之間、下此恐無能爲役矣、然則欲豫備爲新聞記者、於知識之外、當時時注意於體格、練成極强堅之身體、竊謂我國民之大可悲觀者、爲青年之不注意於衛生、每至學問稍有所成、而軀殼已爲廢物、凡神經衰弱與肺癆之症、率多見於青年學子之中、此國民至危之現象也、一校之數百人中、或無十一可以任新聞記者勞劇之操作者、此問題而無圓滿解答、則以上所言皆爲虛語矣、固不僅新聞記者須有堅强之身體、惟新聞記者之摧折尤甚、故成一極重大之問題、今欲研究補救之方法、可分事前事後言之、事前之準備、積極的爲有益之修養、消極的防無謂之消耗、所謂有益之修養、於常人衛生方法之外、應注意於運動、運動之與新聞職業有關係者、如自行車之使用、徒步之練習、開汽車之技藝等等、皆爲周身運動、且與將來之職業亦有効益、至防無謂之消耗、則難以盡言、惟青年之各自善於體會而已、若論事後之補救、則不外於無規則之中力求努力之經濟、而尤有要者、第一在頭腦之冷靜、頭腦冷靜者、運思則精深入微、而立刻可以拋下、所謂狀若木鷄、靜穆如處女、乃休養神經之善法、且凡事處於第三者之地位、只觀察他人之是非成敗、而無庸有所喜怒哀樂於其間、此心理與生理之大有關係者、尙有一種休養神經之方法、則非終日對於一事鍥而不舍、可交換運思、以求精神之活潑、以上數者、並用腦筋中、乃能包含極複雜之事件、而絲絲入扣、毫不紛亂、最後且有特別之精神快樂、如吾人探索一事、其初毫無頭緒、及盡得內容、豁然大悟、則其慰安有非尋常之歡娛所能敵、其趣味者、吾人十餘年來之所以樂此不疲、非必嗜痂甘癖、亦因其中之有至樂存也。

第七節　第三者之高貴

『布衣之宰相、無冕之帝王、』爲時時聞諸世人所與新聞記者之尊稱。拿破侖常言、「新聞記者之一團、不具何等武裝、却比一聯隊之精強敵兵爲可懼。」此皆認識新聞記者之地位與勢力者極有意味之觀察也。

新聞記者手禿筆一枝、然非武力強權所能奪彼之背後、依彼之筆鋒而定其行動之方向者、不知有數萬或數十百萬之國民、且由新聞紀事而成之史料、經數千萬年之後、皆無法可以銷滅其痕迹。

但徐另一方面而觀察新聞記者、有時又可認爲孤立而最乏抵抗能力之人。因凡由彼而發生之勢力、乃潛移默化之效果、與彼並無明瞭直接之關係、彼之言論、或爲多數國民行動之原力、然決不引以爲功而據爲己有、是故新聞記者之心目中、無所謂敵、亦無所謂友、觀其無敵、似乎甚強、觀其無友、則又似甚弱、既非屬於社會之第一階級、亦非屬於社會之第二階級、蓋彼之態度、與治者及被治者之間、皆無何等之聯屬、惟奉其純誠忠懇之全生涯於眞理事實之前。

理想的新聞記者之生命、惟在眞理與事實之權化、彼之覺悟、勇氣、俠義、良心、感情、智慧等種種神聖光明之要素、悉集中於眞理與事實之一途、因是忘其小我、拋棄其小主觀、羅列世界上一切事物於眞理與事實的×光綫之下、

由上之理論歸納之、新聞記者第一層之覺悟、即知自身無論處於何種境遇、皆當確守第三者之高壘而勿失、故惟以眞理與事實爲標準、不知有友、亦不知有敵、例如當政局動搖之際、新聞記者之議論、往往舉足可以爲重輕、然苟確守第三者之地位、則無論政府黨與非政府黨、皆無彼所粘着之足跡、彼旣熟知政府黨所採用之主張策略、但同時即諳悉非政府黨之態度與立場、而對雙方皆無加入協同之義務、換言之、彼不問何時何地、皆常保其超越的與獨立的透明無色之精神、

新聞記者所處第三者之地位、不但見之於政治、即凡一切團體之行動、彼亦不

肯貿然加入焉。蓋既爲團體、則必有特殊之利害目的與色彩關係。亦有自稱單純、無色、僅爲社交的俱樂部之性質者、然必伴以團體的心理、鮮有不與第三者之地位矛盾者也。至於政治上所稱中立派或無所屬者、似無黨派之拘束、然其政治上之行爲、必仍依彼輩之共通的心理而活動、否則即不成爲『中立派或無所屬者』之名稱。故新聞記者於可能的範圍、寧避免加入於任何名義之團體、以始終立乎築於眞理事實之上之第三者的高壘焉。

所謂第三者之高壘、苟具體說明其境界、則新聞記者之寫字檯而已。新聞記者於手一枝禿筆、在寫字檯上將所探得之新聞、誠實紀載批評之外、決不從事於實際的何種運動、世人之從事於政治外交或社會的團體之發起及組織者、無論其名義如何正大、而深探其內層、則上述弊病之外、尙不能完全離去兩種原因、(一)爲於其表面名義之外、尙隱含有某項作用、(二)於爲國家爲社會熱心運動之外、尚隱有使自己造成聲望之目的、此兩者非必與其表面上之名義相矛盾、故不宜完全加以排斥、但究因有此兩點之故、使事實之眞象稍蒙障翳、新聞記者既須時時保守客觀的態度、自以絕不加入爲合於理論、余之對於團體運動、即抱此種態度者、雖時常有人以私誼之關係勉强拉入、或片面主張即擅爲列名於其中、然大概皆不出席、亦並不發表何等意見、因吾人自有以第三者身分發表意見之場所、（報紙上爲限）決不願使自身新聞記者之地位與上述之兩點發生何等關係也、每見有號稱新聞記者而爲其所接近之人開會演說、又自己大書特書發通信稿以送各新聞社登載者、在吾人視之、胥爲不正當之行動而已。

余嘗以新聞記者比之於法官、法官之對於兩造、必其心目中皆認爲無關係者、否則易致審判之不公、新聞記者不宜加入於何種運動、即如法官之應與兩造皆無關係爲同一理解、有時縱遇自己之新聞、然紀載批評時、亦必將兩種人格分離、而以「他」稱呼自己、於事實之外不能增加一絲一毫之他種意味、例如余一旦因事被捕、自思確係爲無罪者、而紀載此項新聞、亦須與他人之爲我紀載無異、不雜入以絲毫感情作用、更不能揑造何等事由而加不利於對方之仇敵、能如是方不失爲公平眞確、以建樹新聞記者之權威、若因與己稍有關係之故、遂顚倒黑白以惑世人、然最後之結果、必有他人能發其覆也、是故文明國之新聞紙、雖屬兩黨之機關新聞、然甲黨紀載乙黨之新聞、與乙黨之自己所載無異、卽甲黨欲攻擊乙黨、亦只能對於事實加以反對之批評、而萬萬不能擅改其事實抹殺其眞相、能如是、則政治上社會上自可減少若干無意識之糾紛、雙方之防禦攻擊、皆以事實爲標準、執此以衡諸我國之新聞界、覺相差距離未免太遠矣。

最後尚須一言以解世人之迷惑、世每有譏新聞記者爲只、能坐而言不能起而行者、所謂『紙上談兵』、殆對於新聞記者最可菲薄之點也、不知此實陷於根本錯誤者、新聞記者之職務、只許坐而言、不許起而行、若欲起而行、則當辭去新聞記者之職務、惟『紙上談兵』云云、似有不負責任之意味、此又不然、新聞記者之紙上談兵、必皆根據眞理與事實、固與所謂不負責任者大異其趣者也。

第八節　虛懷與倔強

新聞記者之照見一切事物、有如不染纖塵之明鏡、因鏡之本身乃完全空虛、完全無色、然後一切事物之映入、皆不稍改其眞相、妍媸悉露、善惡畢呈、是即所謂『毫無成見』者是也、若先加色彩於鏡面、未免事物亦隨之變其色彩矣、故新聞記者之『虛懷若谷』、比諸無論何人爲尤要、前章曾言新聞紙所紀載之消息、非必可謂絕對無誤、新聞記者若以虛懷處之、則無庸固執最初之所聞、『昨非今是」仍無害於新聞之價值以理想言新聞紙上之更正固不可使之常見、否則或至漸失讀者之信仰然從另一方面觀察彼固執主觀的認定至一誤再誤而始終不肯屈服於眞理與事實之前者其流弊豈不更大耶然則兩者相較、於其主觀的錯誤到底至死不悟而文飾己過不如客觀的隨事實之判明而屈從眞理與事實況紀載一種事件、必以後而詳者爲正確若最初不無錯誤正不妨立即補救以詳確之紀載使第一次所誤載者自歸於消滅若不能虛懷從事、恥最初之錯誤竟至擅改事實以求不與第一次所載者矛盾其最後讀者信仰之全失、決不若立卽糾正者之尚可挽回一部分矣

其次關於誤載新聞被害者之要求更正新聞記者尤當以虛懷迎之夫新聞紙既爲社會共公機關、國民輿論代表、且監督而兼指導之天職有似於檢察官之偵察預審、須知檢察官對於嫌疑被告之口供須令其自認爲記錄無誤、然後可

作審判之證據、倘供者謂「這一句話我不是這樣說的」則當時即應允許其更改、惟仍證以他項材料、不能全聽一面之詞而已、而重視其口供、允許其修改、則正法庭之公平處耳、新聞之請求更正亦然、記者一接其來函、不問其如何措詞、均應虛懷而爲之研究、因爲社會公共機關之新聞社、彼亦有與記者平等之發言權也、倘記者所調查實爲完全眞確、則可詞嚴義正以拒絕其所請求、若彼之請求而果有理由、錯誤實在於記者、是除却誠懇爲之更正外、無他道矣、余嘗謂人與人之關係、決不容有絲毫專制性質之存在、而專制不僅政府可以行之、有權力之新聞記者、不屈從眞理與事實、惟逞主觀的意氣、以爲我卽顚倒是非黑白、而人竟無如我何、是卽可謚之曰「言論專制」文明社會中、決不能容許其存在者也、此亦虛懷之運用、爲新聞記者所當特加注意者。

新聞記者須有高等的常識、須有數種專門之學問、前已述之、但天下事物之千變萬化、所謂處也窮理、決非一人之腦筋可以應付而無誤、於此又不可忘虛懷之效用、以余自身之經驗、凡遇有一才一藝之長於我者、我即對此一材一藝不惜師事之、他日發生與某一材一藝有關係之新聞時、彼即為我最優良之顧問也、故余在新聞紙上所發表之論說、敢謂十之四五乃從多數顧問處得來者、因學問分業之關係、彼之專心以研究一種學科、必較吾人之有如『垃圾馬車』者為精而且博、能合多數專門人才以充吾一新聞記者之顧問、自可以不問議論何事、皆絕無『外行』之失態矣、但又須知朋友之結合、必在平日無事時、且不虛懷則決不能有誠懇之交誼、即此『以人才擇友』一端、虛懷之意義、顧不甚重大也哉。（注意、所謂人才、不問何種階級、何種職業、）

新聞記者所以能納善而完其職務、全有賴於虛懷之美德、然同時又似有一種相反之性質、實則非相反也、惟應用之方面不同、一所以納善一所以拒惡、故一

「倔強」一亦爲新聞記者應具之性格。

倔強性格應用之方面、在使意志固定、自信力堅強、而不爲汚濁之環境所誘惑、即加以種種脅迫、然新聞記者意志之堅定如故、所謂「富貴不能淫、威武不能屈」乃新聞記者保持人格之必要條件、夫新聞記者所處之地位、易受各方溫和或激烈手段所侵廹、於上節曾略述之、且新聞記者爲精神生活之偉人、物質上所受之報酬、每較他種職業爲微薄、況如我國之社會、則新聞記者之生活尤有不安全之恐慌、彼視此爲爭名奪利之暫時的手段、借作蟾宮之捷徑、曾無幾時、即『得魚而忘筌』者、蓋項背相望也、故必堅苦卓絕之士、蒙患難、冒危險、知人生於世之眞價、視他人之富貴勢力如浮雲、且雖幽囚受辱、而安之若素、是皆所謂『倔強』性質之表現、更有要者、新聞記者之天職、在平社會之不平、故苟見有強凌弱衆暴寡之行爲、必毅然伸張人道、而爲弱者吐不平之氣、使豪桀之徒、不敢逞其志、不能不屈伏於輿論之制裁、凡此皆須有倔強之性質者乃敢爲之、自身之利害、却有所不顧、新聞記者所以爲社會之公人、其價值亦即在此耳。

第三章　新聞社之組織

第九節　各部關係之概要

欲知新聞社組織之內容、自以說明一社中各部之如何配置爲第一必要之事、就大體言、則編輯與營業、爲新聞社組織上之兩大系統、而其各局部之配置、乃依新聞紙如何製成之順序、以謀各部啣接、辦事手續之種種便利、茲先以各國新聞社最普通之情形、假定爲一狹長的新聞社之建築、全部爲平房、以便於說明其順序及關係焉。

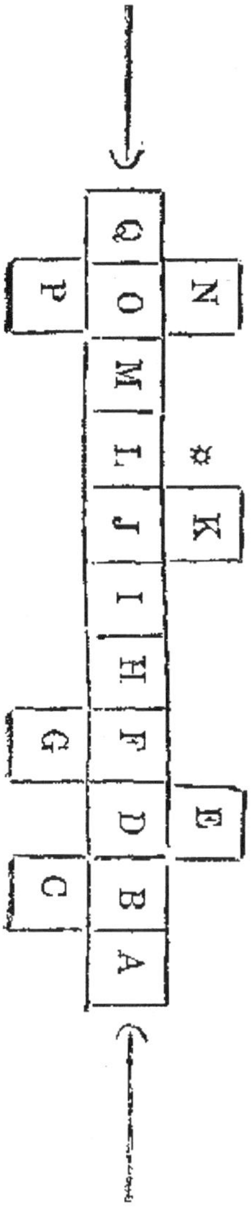

（新聞社各部關係圖）

觀於右之假定的狹長形之建築、可以立知新聞社中編輯與營業兩大部分依新聞紙製成之順序而啣接之關係情形、即自原稿之撰述、以至印成新聞紙之發行、如圖中之A、爲記者進社之門、B爲記者休息室、C爲記者會客室、D爲原稿撰述部、E爲調查部、F爲編輯部（狹義的）G爲電報電話部、H爲校對部、I爲排字部、J爲鑄造部（製紙版鉛版及鑄字）K爲寫眞製版部、L爲印刷部、（圖中L之上有✩符號、以此爲編輯與營業大兩部之分界、）M爲發行部、N爲會計部、O爲廣告部、P爲營業部社員會客所、Q爲營業部社員進社之門、

試再說明其如是配置之理由、A B C無甚關係、新聞紙之製作、在部內者可謂始於原稿之撰述、（即D）當撰述原稿時、必需引證之材料、故調查部（即E）與之相聯、以便於調取、原稿撰成後、不問爲論說或新聞、皆送到編輯部（即F）整理、故原稿撰述部之下、即編輯部、又各處電報電話（G）翻錄後、亦送編輯部整

理、故G與F亦相聯、至編緝部整理已完之稿、則送往校對部、(即H)令其錄標題、算行數、註明某版之材料、隨即送往排字部、(即I)排成以後、又送回校對部校正、往返數次、已無錯誤、乃由排字部送往鑄造部、(即J)先製凹的紙版、再從紙版而得凸面鉛版、如有寫眞銅版、(即K)亦送鑄造部與鉛字同行鑄入、故K即在J之旁、鉛版既鑄成、可以印刷矣、故由鑄造部而送印刷部、(即L)此J與L所以相聯也、新聞紙至印刷部、則編輯方面之事已完、故印刷部為編輯與營業之分界、以下即皆為營業方面之事矣、故從印刷部印出之新聞紙、即送至發行部、(即M)以分配於各處、此外廣告部、(即O)收得之廣告、亦經廣告編輯人將原稿整理、送排字部、經校對部、復經鑄造部印刷部、與登載新聞方面無異、新聞紙之製造、於焉完成、而發行廣告所收入之費、則納諸會計部、(即N)開支亦從會計部支出、故MNO三部尤相聯屬、依上述之說明、可見每頁新聞紙之發行、皆經過如許繁重之手續、經過如許複雜之機關、然自始至成、所需不過數小時間、又可見新聞社中之組織、非常敏活機警、否則決不能如是之迅速也。

第十節　編輯部之內容

凡新聞社之所謂『編輯』者、蓋有廣狹二義、廣義的編輯、係對營業而言、如外交記者、編輯（狹義）記者、評論記者、總之凡前章所認爲新聞記者之職務、以及調査部校對部寫眞部皆屬於廣義的編輯方面、爲構成新聞社之兩大系統之一、至狹義的編輯、則爲社內之一部、僅就整理新聞紙面者而言、如駐外通信員、即不在編輯部之內、而調查部校對部等亦只爲編輯部之輔助機關、茲先依普通情形（因各國亦不盡同）列簡表以明之、

廣義的編輯部

- （一）狹義編輯部
  - 主筆
  - 編輯長
  - 政治部
  - 社會部
  - 經濟部
  - 地方通信部
  - 外報部
  - ——新聞社之司令部
- （附）原稿製作處
- （二）外交記者
  - 駐外特派員
  - 本埠通信員
  - 地方通信員
- （三）調查部
- （四）電報電話部
- （五）校對部
- （六）寫真製版部

新聞社之組織、不外編輯營業兩大部分、而狹義的編輯部者、則爲一社之司令部、機關、如外交調查校對製版、皆係其附屬而輔佐其進行、蓋外交爲供給新的材料者、調查為儲蓄舊的材料者、寫真則供給所見之材料以補益所聞、校對則防有誤排而修正誤字、電報繙譯則接收各處報告之消息、皆以使編輯部（指狹義下皆仿此）製成新聞紙之便利而已。

各國新聞社編輯部之組織、並不一律相同、上表所列、為普通情形、其中地位最高者為主筆、授各記者以整理紙面之根本方針、遇有重大問題、則定本社社論主張之方向、對外為本社之代表、若其次編輯長、英國曰敢夫薩勃愛迭透（Chief Sub-editor）美國曰瑪內季愛迭透（Managing editor）指揮部內各記者、自當整理紙面之任、此外則依新聞之分類而有政治、社會、經濟、地方通信、外報等部、每部亦各有部長、美國曰臺帕脫曼脫愛迭透（Department editor）以指揮所屬之記者、因各國大新聞社每日出版之新聞紙不止一次、故全部數十人或百餘人日夜輪班操作、所用多專門學者之人才、非中國之情形所可同日語也。

關於編輯部內之各分部、因新聞紙注重方面不同而各自有異、要以政治部與社會部爲兩大系統、有將外報部附屬於政治部者、有將地方通信部附屬於社會部者、亦有於經濟部之外另設商情部者、且各部之權限、每因新聞紙之所注重而不同、例如注重經濟之新聞紙則經濟部長之權特重、其取捨材料或不必經編輯長之手而自成獨立之狀態、故各部編輯助手(英之 Sub-editor 美之 Copy-reader)亦因之多寡不同、如與日本的社會部長相類似之英國的內報部長(Home news editor)及美國的市井部長(City editor)(英國此名用作財政部長不可相混)往往其所屬人員特多、因此部之材料最爲豐富複雜故耳。

在編輯部中、無論處於何種地位之記者、皆須有與其所處地位相當之知識與經驗、前章於論新聞記者之資格時已畧述之、各記者之地位雖有不同、且須受職務上之指揮、當以指臂相應精神一貫爲要義、然各記者之人格則仍自保其獨立、如有意見相異處、可決之於編輯長或主筆（小問題則部長可解決之）亦有不肯犧牲意見而寧出於辭職者、若可以婉陳而得主筆編輯長之諒解、自以和平商榷而使全部精神融洽爲當也。

編輯部中有不問何職皆須共遵之要件、則時間之必須嚴守、不能誤其分刻是也。蓋新聞社之競爭、每在時間分刻之間、一人違之、則將使全部皆受其害、故新聞記者平時必養成嚴守時間之習慣、以我國人有向不重視時間之惡德、更有力加矯正之必要矣。

第十一節　工場之設備

新聞社之神經系固附麗於上述之編輯部、但編輯部工作之結果、尙須經過工場而後新聞紙之形體乃成、故僅有編輯部而無完備之工場、則仍不能以新聞紙供給多數之讀者、新聞社中工場之設備、乃一重要問題也、工場之第一特色、亦在時間之不差分刻、且比諸他種印刷所爲特別迅速、其組織之內容、大抵皆由三部而成、(一)爲排字部、(二)爲鉛版部、(三)爲印刷部、凡編輯部所已修飾發載之稿件、先由校對部而交排字部、依原稿所有之各字爲之集合聯屬、打成『小樣』(每條稿一紙或數條稿一紙)送校對部加以校正、以審核其字字與原底稿相符與否、如是經過初校二校、業已認爲無誤、乃將各條合成一版、又打一『大樣』再送校對部之『看大樣者』校閱、不但查其先所校出之誤字是否一一照改、且排列形式之美觀與否、亦須加以斟酌、一如所謂背題或大小題半在上欄半在下欄者、皆宜臨時補救、大樣既閱過無誤、乃以各鉛字組成之版、送達鉛版部、該部先用濕紙版壓於鉛字之上、製成陰文之紙版(凹體)再用溶解之鉛澆於紙版、而製成陽文之鉛版(凸體)此種鉛版其字形與第一次排成之鉛字絲毫不差、惟化散爲整、化平面而爲半圓筒形、(如瓦片)以適套於輪轉印機之上、(如不用輪轉印機則仍爲平面)故平常印刷皆鉛字版安置不動而輪轉機則鉛版在上旋轉以就紙每一轉則一張新聞紙出焉鉛版部依鉛字之型而製鉛版、每製成同樣者十餘塊或數十塊視印機之臺數而定非但鉛字悉依原版且如寫眞圖畫亦皆絲毫與初排之版無異製成之鉛版立刻入冷却機使之即冷、乃送達印刷部駕於印機之上電力一動十餘臺或數十臺之印機同時印出同樣之新聞紙立送於發行部如印機兩旁相對而安置中間留有數尺寬一條電動之路將印成之新聞紙每數百或一千爲一疊、即由此路自動而送出不必人力運搬故大新聞社之每日銷行數百萬份者因其速力絕不至有誤時間之分刻此各國新聞社中工場之大概情形也在東方新聞事業尚未十分發達之國家其工場或有一部分不完備者不得不依賴於他社然其弊(一)則時間不能正確(二)則不能保消息之絕對秘密(在未發行時爲他社所竊取)(三)

）有突發消息時、不能自由拆毀插入、故工場爲決不可缺者、此就日本二十年前之情形而論、今則中等以上之新聞社、大抵皆有自備之工場矣、惟我國之幼稚、則特爲可憐、上海之新聞社、只申新兩家、較爲完備、（西報除外）北京則有印刷者居極少數、且人力手搖之機爲多、（輪轉及用電者無之）因其銷數至多不過五六千至萬餘張、（小報有較多者、然白天即印、不成爲新聞紙也、）不必用如此之速力機、少而用電、反不經濟也、至其中各種奇形怪狀、藉是以糊個人之口者、則本書不忍爲之述矣、

我國新聞紙印刷之稍有改良、不過近年內事、以言工場之設備、固上海之一二較大新聞社爲稍完全、然形式之進步、則反以北京爲首倡、彼申新兩報、至今尙墨守其老態、蓋廣告收入、每月已有數萬元、在若輩視之、至矣盡矣、蔑以加矣、故無論廣告新聞之印刷、皆極簡單而粗陋、近年偶用一二寫眞銅版、亦北京所先

倡也、歐美不必論、即與日本報紙較之、抑何其相形見絀若是之甚耶?新聞社中工場之管理、乃一不易之事、各國新聞社、大抵皆有工場長、其中組織與編輯部皆一一相呼應、故有時發生特別新聞、不得已而改版、然其敏捷仍不逾乎預定之時間、總之、工場之第一必要事、亦在時間之嚴守、而所謂『藝術的要素』尤於工場方面顯示其特色焉。

第十二節　廣告發達之歷史

新聞社之有廣告部與發行部、爲營業方面之主腦、且一社之維持與發展、亦端賴此兩部措施之得其宜也、從理論上言之、新聞社之營養、應專恃發行之收入、蓋製造所謂新聞紙之商品以出售、即於出售此種商品時、獲得利益、而維持發展其機關、似屬當然之事、然荀衡諸各國新聞社之實狀、即見理論與事實之不一致、因新聞紙售價特廉、而如編輯費、營業費、通信費、電報費、紙張印刷費等支出乃非常繁重、若頁數多者、區區售價所獲、每不足以支紙價、然則僅恃發行之收入、必致經費虧累甚鉅、不待言矣、既有此種顯著之事實、於是各國新聞界營業之方針、莫不亟亟於圖謀廣告之發達、廣告部遂佔營業方面之第一重要位置、但廣告何以能發達乎?在先使衆人認其廣告效力之非常偉大、廣告效力何以能非常偉大?在先使購讀者多、則自因得見此項廣告者亦多、而效力隨之愈增、推究至此、遂發見廣告與發行兩者密切而不可離之關係、各國新聞社本此營業方針、以競爭新聞紙之定價、益行減少、而販賣者所得之回扣、益行增大、社中不注重於發行之收入、寧願發行虧本、而不能不圖發行額之愈多、以爲招徠廣告之積極手段、凡此皆營業重心所以由發行而移於廣告之原因也、換言之、在營業方面、發行已成招徠廣告之手段、而廣告反爲營業之目的也

廣告既佔新聞社營業上如是重要之地位、本書自應說明其概畧、供給學子以

正確之觀念、溯其起源、既非始於商業之利用、亦非肇載於新聞紙、蓋古昔公示招牌等之遺意、至近世而益擴張重視耳、在英語之（Publicity）臘丁語之（Ad verters）皆含公告指示之意、其最初之實例、則如三千年前埃及某大地主對於奴隸逃亡之公布物、今尚保存於倫敦之博物館焉。

希臘時代雅典市之燧石細工人、施簡單之意匠於石器、陳列其門前、已開商品廣告之端緒、至羅馬時代、(約一千六百八十餘年前)每有於公衆場所盛行揭示之風、且以力士與猛獸格鬬之情狀、繪圖而掛於演戲場前、以爲誘致觀客之方法、此可認爲揷畫廣告之濫觴也。

古昔意大利酒店前之松枝、與日本之用杉葉者相似、我國古詩中、亦有所謂酒旗者、皆廣告之用意、羅馬市昔有以下之一語、書爲酒店之招牌者、（The good wine needs no lush）而如房屋招租招買之廣告、亦盛行於當時、故廣告之法、在羅馬時代已漸發達矣。

至於中古則認 Human voice 爲最有效以 Public Crier 爲營業者凡演劇失物奴隸逃亡等皆依賴以達其宣傳尋覓之目的比從前之僅有揭示者又進一步焉。

自十五世紀亘十八世紀之時期 Public Crier 之營業漸見組織機關以供世人之需要依收費之多寡而訂界限之不同已有用之於商品者地方巡迴廣告亦於此時代見之。

英國於一七四五年頃始創新聞廣告之一新紀元有所謂『一般廣告者』General advitiser 之『廣告新聞』出現在彼時以前新聞與廣告如風馬牛不相及新聞僅依發行之多寡以爲營業之目的自有廣告新聞而廣告費乃成新聞社之一財源他社起而模倣之新聞之經營途益見其發達其方法體裁則羅列廣告五十件乃至六十件於廣告中間插入若干之記事形式尙極幼稚

也

美國之立國、猶屬於近世之事、故廣告之發生、僅有百餘年之歷史、其初不過遺失物之追尋或拾得物之招領、偶一見之、此外絕少印刷之廣告、在六七十年以前、美之商人認此爲奪他人的顧客之手段、與商人之道德有妨、故不甚歡迎之、南北戰爭以後、有名羅勃脫朋那、其人者設一新聞社、由廣告介紹人載一行之廣告於『海拉爾德』新聞、誰知介紹人誤一行爲一頁、竟以『請看某報』數字登載一頁大廣告、朋那氏當貧困之際、無力給付廣告費、而出人意料之結果、乃因一頁大廣告而發生極大之效力、訂閱者紛至沓來、初版頃刻售完、一舉而定新聞社之基礎、自是商人始信廣告之重要、廣告事業之發達、遂突飛進步、以至於今

第十三節　廣告技術之研究

現今各國新聞廣告十分發達而後、一切公告世人之方法、無一非新聞廣告是賴、如日本明治二十三年修正之商法、凡法定會社營業期間之決算報告、必須揭載於新聞、即以我國言之、上海會審公堂之案件、凡兩造有須聲明者、每多在申新兩報上登載廣告、足證新聞廣告勢力之偉大、故各國審判廳之公示催告、登記等項、與夫大公司、大銀行、諸官廳團體、有所宣布、必非新聞廣告不可、新聞廣告之威力在新聞紙上、既駸駸乎有反客爲主之勢、於是此項事業、遂因世人之需要、而成專門的技術、且當時時注意於流行之嚮傾、與夫紙面之體裁、頗需多量美術的要素、試舉新聞廣告技術方面最普通之數例如左

（一）圖案廣告　例如化粧品藥品等廣告、係以圖畫之意匠、直訴於讀者之眼、令人想像迷信其物之價値而非購不可、（歐美日本各大公司、有不惜鉅款以募集廣告圖案者）

(二)糾誤廣告　於廣告文中，故意的誤排數字，請讀者指摘校正，而酬以獎品者。

(三)詩歌廣告　以廣告之目的物，製成歌謠，使人易於唱誦宣傳者。

(四)刺激廣告　用險語奇語滑稽語等為標題，挑發讀者之好奇心，而誘致其受激刺易宣傳者。

(五)懸賞廣告　如用謎語謎字等類，射中者與以贈品，亦有告以購物時附彩券，當時抽籤，可以中彩或抵償購價之一部分者，此則引人投機射倖之方法，殊有害於社會。

(六)紀事廣告　此法近頗盛行，如以廣告製成新聞之體裁，或小說之形式，將其効能作紀事題說得活潑潑地，誘致閱新聞者，與新聞同時繼續讀之，然易流於浮夸欺詐之弊。

其他種類尚多、不及備述、總之廣告之技術及其排列之地位今尚日新而月異殆未可限量也。

廣告之技術與其『效能率』之關係、爲廣告學中極重要之部分試提出一問題、廣告所佔面積之大小及登載次數之多少孰爲效能率最高者乎？美國某學者、曾發表其研究之結果如左。

	（效能率）
一頁廣告登載一次	三三%
二分之一登載二次	三〇%
四分之一登載四次	四九%
八分之一登載八次	四四%
十二分之一登載十二次	四七%

依上之研究則一次之大廣告、不如多次之較小廣告爲得策、而以四分之一登

載四次者爲最有效果、然證之事實、則不問歐美日本、皆有揭載極大的廣告之潮流、論理論上大廣告爲易引起讀者之注意、故效力因之亦大、此易明之事也、惟倘須考其地位與環境、如以多數小廣告排列於一處、亦如小新聞之緊湊於一處者、然則其效果已難有如何偉大之希望、然苟小廣告上特附以美麗之輪廓、使不與他種廣告相混、或行數明晰、一望井然、亦自可增其效果、又如在新聞紀事之中間、插入一段廣告、其效果亦較尋常者爲大、因之廣告費亦特別加重、故大小次數、皆未可一概論也。

關於廣告登載之地位、西文與中文有不能强同之處、蓋橫行縱行、既屬有異、則他國研究之方法、未必即可通用於我國、以我國言、總以論前爲最有效、以目力易先及也、亦有重視紙尾之地位者、其原理頗與新聞相同、我國新聞紙之習慣、皆將各種廣告合排於一版、其同版者收費亦大同少異、僅依字數及次數之多算而區別之、然在美國、則即同載一欄中、其收費亦有若干等級、蓋因上下左右皆有區別故耳、區別之標準、惟以與新聞紀事接觸之處多者爲最優之地位、無非預想讀者將從新聞紀事而移視線於廣告、與新聞紀事接觸之處愈多、則讀者從新聞紀事而移於廣告之可能性亦愈多、故廣告費即比尋常普通欄中者爲大、試就廣告與新聞接觸之情形作簡圖以說明之。

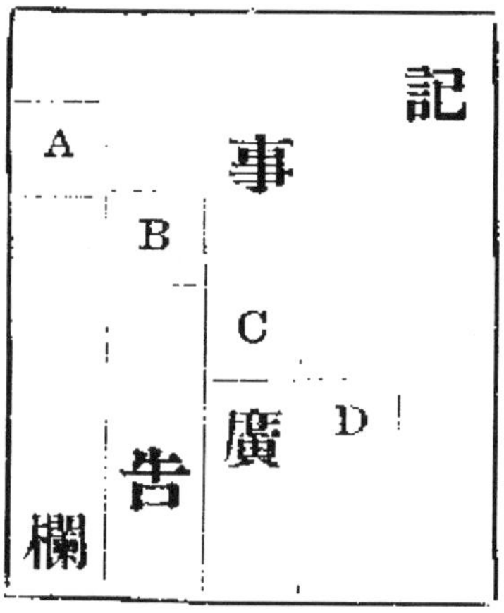

右圖ＡＢＣＤ四項皆係廣告、而四項之上部則爲新聞紀事、此四項廣告、皆有

兩方面與新聞紀事接觸之處、故收費較之其他不接觸者爲大、若四周皆與新聞接觸讀者之視線、最易於移到、應作最高價之廣告、不待言也。

第十四節　發行部之各問題

新聞事業之發達與否、與交通機關之設備有極大關係、前章曾略述之、新聞紙之發行、尤足以證明其與交通機關之關係也、故如我國今日之情形、新聞紙發行之難、與歐美日本直有天淵之別、夫新聞事業所賴以維持發展者、既皆重在廣告方面、而因發行額不多之故、則（一）廣告過間者少（二）廣告之費不得加昂、故欲達以廣告收入維持發展之目的、不能不用種種手段、求發行額之增加、試將各國新聞社使發行額增加之方法、略爲述之、

（一）內容改良及送達方法之便利　此就正軌而言、將新聞紙之消息求其靈敏眞確、新聞紙之議論求其適切公平、且使每日出版嚴守時間、較他人迅

速送達於讀者之前、能下此種眞實功夫、久之發行額自然增加、確立其名譽及價值、然此即與交通機關之完善與否有大關係、如我國者有時爲事實上所難辦到之事甚多、非盡辦理新聞社者之過也。

(二)宣傳方法之積極進行　新聞紙初出版時、亦賴有各種宣傳方法、除向他種新聞紙上登載廣告外、如車站市場游戲場及電影中之各種廣告、皆極必要、又如招待團體、發起公益之集會、(如展覽會運動會等)亦屬宣傳方法之一種、各國新聞社每年對此支出之費頗鉅。

(三)贈閱新聞紙之多數分送　此爲推廣發行額之一種重要手段、不啻對未曾寓目者給以樣本而勸誘其訂閱、在新聞紙初出版時、必須印刷極多、分送普遍、不時則有對某地新開闢之銷場單獨贈閱若干月者、其效果頗爲顯著。

（四）種種引誘投機之方法　此爲不正當之手段、如花柳選舉、特別贈品、附送彩分等、實宜加以禁止、然各國因競爭之猛烈、仍不免有用之者、若上海從前之某報、以贈金表或考送出洋留學哄人、則爲無恥之尤者矣。

（五）徵文之方法　新聞社每有以一二種大問題懸賞徵文、以取錄各稿陸續發表、亦爲引起一般人注意之方法。

（六）最低廉之價格　今當以廣告爲營業本位之際、發行之收入甚微、因競爭而有低廉之結果、每不足以償紙價、此推廣銷路不得已之方法也。

（七）分發行所之完備　謀各處訂閱者之便利、於是外埠皆設分發行所、然因辦事費及販賣人應得利益報酬之支出、更使發行上收入之愈減少矣

以上諸端亦僅舉一部分之實例、且就可公開者言之、此外各國新聞界因銷路競爭之過於劇烈、尚有許多詭秘之手段、認爲營業方面之秘密、一若軍事外交

之不能洩漏者、總之、新聞事業尚未進步達於『依內容善惡以別勝負』之正軌、而廣告本位之影響、致與『防止新聞紙品位降落』之精意相背、實世界新聞事業之一大缺陷也(編輯本位亦有流弊、總之、離理想的時期似尚遠耳)

我國新聞紙發行之困難、在外埠者、苦於交通機關之拙劣、在本埠者則每受送報人之把持、例如北京、送報人之團體、頗爲堅固、而行動每多不正、其勢力足以妨礙新聞事業之發達、更有多數無聊之新聞社、(可名爲津貼本位之新聞社)甘受其蹂躪者、遂增加發行上不少困難、以現在北京之報價言、如不過受彼輩之侵蝕、未始不足收回紙價而有餘、然實際新聞社所得者不過十之四五、其大半則皆爲彼輩之奴隸、而從另一方面觀之、此種送報人亦社會生活問題之一部分、此則其團體堅固之所由來耳

美國以新進國家、而新聞事業之發達、已自鳴爲世界第一、即以發行一事觀之、

確有遠非東方諸國所能及者、我國新聞紙至今絕無銷數若干之統計、日本號稱進步、然發行額亦皆認為神聖不可侵犯之秘密、無一肯公開宣佈之者、有時自吹為幾十百萬、社會上亦決不信以為實也、而發行方面種種不可究詰之手段、即活躍於此種秘密之中、若完全公開之、則一切手段皆無所施其技、美國當一九一五年以前、已有『新聞發行額監查局』之設立、(私立)因謀斯業之公開進步、該局即專以調查全美各地新聞雜誌之發行確數為務、一九一五年之大會、竟實行公表之、此蓋對於新聞業各種弊害一針見血之方法、亦社會道德上極有意義之行動也、惟其進步至於如此、仍不能無種種過程而已。

從新聞紙之發行方面、大可以說一般國民之程度、就我國目下之情形言之、經營新聞事業、最感痛苦之處、(一)根本上曾受教育者少、故新聞紙之迎合多數讀者極為不易、(二)腦筋不受刺激、用力而未必立見功效、(三)惰性之粘着甚因、已閱甲新聞者不願易乙新聞、(四)對於政治問題社會問題漠不關心無求速知新消息之必要、故若言歸正傳則教育不普及交通不便利政治不修明產業不發達、新聞事業之進步自覺難於發天此即百業之根本問題惟新聞紙所受之影響爲尤酷耳

(附)廣告發行與國情之差別

新聞紙之廣告與發行兩方面有因各國情形不同而發生大差別者、例如美國及歐戰前之德國廣告之面積、不嫌其廣有五倍十倍於新聞之本紙者不足爲奇也而廣告之大部分非如日本之以化粧品藥品爲主、更非如中國(上海)之以戲劇佔極大篇幅而係大之實業與礦業學問方面以及房屋之租賣等爲多英國及法國、廣告之面積、不如美德之擴大、其每日發行之頁數亦略有一定廣告之排列緊密、非常熱鬧、前者以頁數多、後者以廣告費昂得鉅額之收入

復次發行上之情形美國法國零賣者多英德則大部分爲每月訂閱者此中能發生極大之影響蓋零賣者多則新聞須多煽動之論調或多採奇突之消息與每月固定者方針自異日發行方法前者須非常巧妙敏活此各國社會習慣不同最著之數點也

第四章　新聞紙之表裏

第十五節　新聞之定義

新聞紙構成之材料當含三大部份(一)新聞消息(二)時事批評(三)消息批評以外之雜俎(如文藝科學與諸著……等)但自近年新聞紙愈益進步以來以新聞消息爲本位之潮流已日見其顯著與曩時之以政論爲本位者趣味蓋完全不同「新聞紙」之名詞乃由是衍符其實構成新聞紙之材料既以消息爲最重要部分則自然發生兩項條件即(一)須求新聞消息之豐富可滿足多數注

意點不同之讀者(二)須求新聞消息之真確、可使多數讀者不誤用其注意、欲以上兩項條件充分實行、在研究採集整理新聞消息之方法、而研究之第一問題、即為『新聞之定義』換言之、新聞是什麼、什麼是新聞、不可不先有正確之觀念也、

試以歐美日本專門學者所下新聞之定義、介紹其較重要者、最後並附列鄙見、俾讀者諸君、參考審定焉、

(一)新聞(News下仿此)者其材料關於人、能與興味於其他之人人者也、

余按上述之定義、所謂關於人、所謂與興味於他之人人、皆不失為新聞之重要條件、然其最大之缺點、乃忘卻時間與新聞之關係矣、

(二)新聞者、屬於人的話題之事類、有足釀他人議論之價值者也、

余按上述之定義、易第一條之興味爲議論、而忘却新聞之有時間性則同

(三)新聞者、凡關係於一般的福利之事、及某種活動、觀念、財產、個人的行爲等、惹個人之興味、或指導啟發個人之一切事件也

余按上述之定義、過於繁雜、惟興味之外、更增加指導啟發一層、爲可注意、仍不及時間問題、則與歷史說部將何擇乎?

(四)新聞者、有一般的興味、包含其時代之一切活動、最佳之新聞、即貽最大多數讀者以興味者也

余按上述之定義、注重興味、與前同、而提出『其時代』一切之活動、且以最大多數讀者有興味、爲新聞價值之標準、較上三者爲進步矣

(五)新聞者、關於所發生種種可惹讀者興味之事件、緊切正確以報告之者也

余按上述之定義、仍注重於讀者之興味、而最進步者、爲緊切正確以報告一語、則新聞之須爲最新消息、且須根據於事實等要件、皆已備矣、

於是美國威斯康新大學教授蒲雷亞氏綜合以上諸說而爲下記之定義曰、

凡適切機敏貽興味於多數之人之一切事皆新聞也、而最佳之新聞則貽最大興味於最大多數之人者、

日本學者、研究以上諸說之結果、其意見則以專事注重興味爲有弊、認此爲美國式的新聞紙之特色、而新聞若專以興味爲標準、則易流於煽惑迎合附和雷同、與事實而相不求其一致、且如利用羣衆心理以吸收多數讀者、其所謂最大多數者的價値亦不無可疑、於是又將美國教授所下之定義於興味之條件外再加一項「實益」復於「最大多數者」詞句之上加入「社會的及國民的生活緊要事件」其修改後所下之定義如左、

凡適切機敏、貽興味與實益於多數之人之一切事、皆新聞也、而最佳之新聞、則爲社會、國民日生活緊切重要事件、及貽最大之興味與實益於最大多數之人者、

日本學者又加以解剖曰、觀於美國學者所下之定義、不啻說明美國新聞界之傾嚮、所謂興味主義、多數本位、皆美國式的腔調之自白也、若依吾人（日人）所修正之定義解剖之、大約可分爲三段、即適切機敏爲第一預備條件、而社會的國民的多數者間重要緊切之事、爲第二根本條件、更因實益與興味分量之增加而成第三必要條件、至如正確、清新、公平、誠實等意味、應包含於上述三種條件之中、自不待言云云、

余觀日美兩國學者之所論、又可大略測知該兩國新聞界不同之傾嚮、然近年以來因美國新聞事業已占稱發達至全世界之第一位、而日本之模仿美國式

新聞、其色彩亦頗濃厚、潮流所趨、不期而注重興味問題、故如社會新聞（或市井新聞）之材料、近來世界各報、皆見其增加、日本學者視興味爲第三種條件之批評、殊未足以挽回滔滔之趨勢也、余乃復參酌美日學者之意見、爲下較簡明之定義如左、

新聞者、最近時間內所發生認識一切關係於社會人生的興味實益之事物現象也、以關係者最多、及認識時機最適、爲其最高的價值之標準、

右之定義所謂『最近時間內所發生認識』爲新聞之第一條件、蓋不問如何重大之事、若非最近時間內所發生認識、則不得謂爲新聞、又如古物、非新聞也、然如清室盜寶古物、河南發掘古物、則皆成爲新聞矣、以其爲最近時間內所發生認識、故耳、至謂一切關係社會人生的……已將日人所舉之各件納入、而仍以關係者多少及時機適否、爲判斷價值之標準、

新聞記者澈底了解上述之定義、則無論對於何種問題之消息、可以此爲尺度而決擇其應採用登載與否、久之則習慣自然、固不必斤斤於定義、而仍與尺度無不暗合之處、此新聞記者所以重視經驗也、至其初運用尺度之方法、不外爲下述數項之考量、即

(一)果爲最新穎適切之消息乎?

(二)果與社會人生有利害關係乎?

(三)果足引起多數人之興味乎?

所謂『新穎適切』者、包含上述最近時間內所發生認識、蓋亦有雖爲甚舊之材料、然至其時而認識爲適切者、例如哈丁死時、新聞紙上歷述已往各總統之死狀、以與哈丁比較、引起讀者之興味、故新與適又屬同一事也、

至多數之範圍、由數千百人以至於全人類、因與新聞直接間接之關係而不同、

例如江浙和平公約、江浙兩省人爲最注意、然因新聞記者加以觀察批評、而謂是項公約與閩贛皖數省亦有關係、則多數之範圍自擴大矣、又如普法之戰、日俄之戰、最注意者爲普法及日俄兩國之人、然如與普法日俄接壤之國、亦不能不起注意、因有利害關係故耳、再擴而大之、巴黎和會、華盛頓會議、則全世界國民皆不能不起極大之注意、是亦不外與全世界皆有利害關係而已、

最後關於興味問題、則另有一種感覺、此種感覺、每不爲國界所限制、例如法國某內閣當局、爲彼國言論所攻擊、此不足以惹他國人之注意者也、故苟我國新聞紙上登載此項新聞、不妨視爲可有可無、匪關重要、然一旦該大臣之夫人、以手槍刺殺攻擊最力之新聞記者、則其事可驚可怪、各國新聞紙莫不注意之、蓋興味之成分既多、非國界或有無關係所可限制、餘如日本之地震火災、無政府主義者大杉榮君之遇害、不獨與日本有經濟關係及崇信無政府主義者注意

之也、凡此皆利害關係之外、另有人類之好奇心、同情心及興味、慾使之超越國界種界而受感動者耳。

第十六節　具體的成分

新聞之定義、既如上述、蓋關於新聞材料之抽象的理論、爲新聞記者所宜了解之先決問題、至某項新聞之蒐集製稿、究有若干具體的成分、然後可成爲新聞？自當一一解剖、不啻立一表格、使初學者可按表格以求其材料、茲以最普通之必要條件列舉如左、當突發事件發生時、庶訪問不至漫無頭緒也、

（一）事件之性質（何事？）

（二）事件之關係人（何人？）

（三）發生及經過之時日（何時？）

（四）事件發生之地點（何地？）

（五）遠因及近因（何故）？

（六）事件之結果及影響（如何）？

右之六者、如欲製成有系統之新聞、殆一一皆不可少、其先後順序、及敘述之詳略、固可因事件之關係大小而不同、亦有爲時間或環境所限制、不能六項條件完全備具、而要以皆有圓滿答案爲原則、又從表面觀之、似乎按格以求、其道甚易、然竟有一事而各種報告皆不相同者、當某項重大問題發生時、余嘗在編輯部中檢閱數十家通信社之來稿、各社之報告、大半不同、亦有明係如此而報告相反者、固由於我國之所謂通信社、皆含有特別之作用、然亦可見探索新聞之難、不易求得其最中心之一點、若依理想而言、凡事之眞實情形、不應有兩說以上存在、乃竟發見數十說之多、社會中奇離古怪之現象、編輯者將何所適從乎？余每以親歷所得、研求新聞所以失實之原因、不外乎下之所列、

(一)新聞記者活動之疎懈
(二)新聞記者缺學力經驗
(三)被訪問者錯誤之答覆
(四)官僚政客之欺蒙記者
(五)不良記者之欺蒙讀者
(六)時間與環境之已變更

以我國之新聞紙言、眞能活動之記者、可謂寥寥無幾、其學力經驗又極爲幼稚、故一二三等項、可謂互相因果、致新聞紙之內容非常蕭瑟而寡味、至四五兩項、尙屬不配、即有之亦赤裸裸的經不起明眼人之一覷而已破、如目下一部分報紙、阿所好與攻所惡、皆淺薄矛盾、毫無常識、直不成爲新聞、可惜一般國民率多未受教育、易信無常識之謠言、此輩遂能搖頭擺尾以新聞記者自命、於此益信新聞紙爲社會國家之背景、如是之國家社會、應有此許多奇怪的新聞紙出現也、然苟以歐美之眼光嚴格論之、只能認爲一種印刷物、而不能認爲新聞紙、因其條件太不完備故耳、

上述第六項所謂時間與環境之已變更者、每致新聞之失實、此爲新聞紙上所常見之事、如某事件發生在數月以前、事實上已成過去、換言之、已違背於定義中所謂適切機敏之性質、幼稚之記者、往往認爲佳材而發表之、固不能謂爲完全錯誤、然已失去適切之機會、只可留爲敘述歷史時引證之資、每見京滬各新聞互相抄錄、滬報錄北京之報、北京之報又從而錄之、未幾滬報又從而錄之、輾轉不已、令人絕倒、新聞記者若能注意於前述之六項條件、併注意上述六項失實之原因、庶可以無大過耳、

新聞有裸體與非裸體之別、裸體的新聞、如開會情形、火災與水災地震之狀態、

此比較易搜集者。然開會有何作用、火災之係失火或放火、卽屬非裸體的新聞、又如政局之變化、選舉之競爭、其結果均非表面所可見、則欲搜集眞確、卽非易事矣、故上述之六種條件、亦有裸體非裸體之別、惟學力經驗老練之記者、爲能摘奸發伏、觀察靡遺、學者每稱此種技倆爲News sense或Nose for news卽新聞之感覺與嗅覺也、日人則名之曰「新聞眼」苟具有此種極強之感覺嗅覺、且有極銳利之慧眼、以之探索新聞、自可以事半而功倍矣。

第十七節　形質之差別

現代進步之新聞紙、旣以消息材料爲其構成之要素、故前節對於新聞之定義及其具體的成分、略加說明、俾從事者先知其概要、茲復將新聞紙之形與質兩方面、有種種差別之點、就中外新聞界之情形、爲解剖而區分之。

以新聞紙之形式言、凡定期刊行物、每名之曰新聞紙類、然有半日、一日、三日、五日、一週、一旬、半月、一月、定期刊行一次者。除半日之朝刊夕刊及一日發行一次或發行多次者可稱普通新聞紙外（如歐美日本每一種新聞紙而有朝刊夕刊、或雖一日發行一次、實則隨時改版、一日發行若干版者甚多、惟所寄之地方不同）其餘每三日……一月發行一次者、縱其名稱爲婦女新聞法律新聞經濟時報……等等、然皆雜誌而已、非吾人所研究之普通新聞紙也。其構造與普通新聞紙亦自大不相同、此類刊行物各國莫不甚夥、然比諸普通新聞紙、則勢力之厚薄懸殊、雖不無一二、普及全國之大雜誌、大抵皆對於特別階級、或一定範圍之地方爲其發行區域、材料亦只限於一方面者、例如我國現有之政府公報及交通外交……等部公報、與夫學生團體所發行之種種出版物、皆可屬於此類、與普通新聞學之理論無多大關係也。

至同是一種普通新聞紙、亦因實質不同、而發生許多差別、凡新聞事業未發達至於理想之域、可歷數下記之幾種階段、(其一)新聞業之初興、爲若干名士抒情遣興之具、議論天下之得失、以一手持杯一手揮毫爲樂事、更有在歌樓妓館、酒後茶餘、下筆千言、播爲佳話者、此可謂文章時代或政論時代、與現今所稱新聞事業者相距尙遠、(其二)津貼本位之新聞紙、我國在今日尙佔多數、新聞之性質殆與廣告相混同、既不依眞理事實、亦並無宗旨主張、暮楚朝秦、惟以津貼爲向背、此則傳單印刷物耳、並不能認爲新聞紙、與世界的新聞事業不啻背道而馳、(其三)黨派機關新聞、政府或政黨、辦一御用新聞社以發表其黨見政策、由御用者完全擔任其經費、其紀事批評易流於虛浮偏袒、讀者之信仰較薄、不足邀全國之重視、然若辦理完善之機關新聞、則如電報材料及與政府政黨有關之新聞、或比諸其他新聞社獨早、雖不無虛浮偏袒之弊、而其中有一部分可嶄然露其頭角、就我國之新聞界言、可稱機關新聞而無愧色者、尙不多覯、故機關新聞云云雖未足與於世界理想的新聞紙之列、然並非完全貶斥之惡名也、況立憲政治之國家、不能無政黨、有政黨卽不能無機關、若進步而至如前章所述甲乙兩黨可互易新聞消息以登載、是更無虛浮偏袒之弊、卽機關又何害焉。故黨派機關之新聞紙、毆美日本今固尙林立也、又國家之對外、往往有在他國辦理國家的機關新聞紙者、如各國之在我國京滬等處皆然、尤足見機關新聞紙尙盛行於今之世界矣(其四)營業本位之新聞上述三者、內容各異、程度不同、而可求得其共通之點、卽皆不知注重於營業是也、第一種以營業爲可恥、且不知如何營業之方法、第二第三種、無注重營業之必要、因其經費之特別有所自出、然現代新聞事業之潮流、一方日趨重於新聞消息、一方又日趨重於正當的營業、以營業所得之利益、維持發展其機關、欲從營業本位而達於理想的新聞事業之境域、其手段則利用社會公器以打倒機關新聞、標榜嚴正中立、以博社會多數之信仰、若以理想言之、新聞社既爲社會公共機關、非但不應有黨派之色彩、且目的尤不應在於營利、但主張營業本位者有極强固之理由、蓋經營新聞、須有鉅額之資本、若非以營利爲目的、則必致失其繼續存在發展之功能、而所謂營業本位者、乃以公平確實正直無私爲其博得多數信仰之手段、故必使新聞紙完全化爲商品、然後可一切不顧而惟以眞理事實爲紀載批評之標準、既非一時的欺詐投機之事、一社之利益與社會之公益並不衝突、故現代各國之大新聞社、皆組織公司、集合數百萬資本以從事於營業、因此其營業方法亦日臻於擴充周密、可年獲甚大之利益、惟其如是、然後凡事可以公平無私、非政府或政黨所能收買、此世界新聞事業所以有此大趨勢之原因也、在理論方面、誠可謂與理想相距不遠、但考諸各國之實際、新聞事業之商業化、却又有因只顧利益而壓迫編輯記者之弊、以廣告之故而左右新聞、勢所不能免也、且資本之色彩日益濃厚、爲精神勞働之記者、不能不仰資本主之鼻息、蓋所採之手段、決不能與其所持理論相一致也、由是言之、營業本位之新聞、亦尚未可謂近於理想、俟下章再詳論之。

第十八節　材料之來源

新聞紙所需之材料、每日恒在數萬言以上、而倉卒製成、僅限於數小時之間、現代新聞紙之趨勢、其材料之大部分、又皆爲新聞消息、此類材料、究係何自來乎？來源問題之設備周密與否、直與一社之前途有莫大關係、蓋今當新聞消息本位時代、一般讀者注意之焦點、每不在評論而在紀事、若能消息靈確、且益以評論公平、則讀者不期而自集、其信仰於一社、不然、評論雖公平、然消息苟有遲鈍錯誤之弊、恐僅恃評論之所得者、不足以敵紀事之所失矣、況依吾人最合理之觀察、凡消息屢屢遲鈍錯誤者、亦決難期評論之公平適當耶、然則新聞來源之豐富眞確與否、直爲新聞社生命之原力。各國大新聞社所以傾全神於此方面之設備者、可謂最扼要之政策矣。

新聞之第一來源、自爲本社所專用之外交記者、如本埠則有常駐各機關人員、每日供給當然應有之消息、又有往來訪問之人員、以搜求每日特別之材料、遇重大問題發生時、社中又臨時特派最能活動者、向指定之點而活動、是以到處皆張本社之耳目、事無大小、不至於遺漏矣。其在外埠則分地方通信員與外國重要都市之特派員、地方通信於郵達原稿而外、與社中之電話部(或電報)相聯絡、凡國內比較重要地方、皆有專用的電線、諜報告消息之迅速而秘密。至國外特派員、則每日以專電報告國際新聞、每月復有數次長通信、觀察國際情形與鄰邦政局、是即與編輯部中之外報部相聯屬者。凡此皆新聞社中自聘之外交人才、爲新聞材料來源之大宗、乃設備上最重要之一問題也。

其次爲通信社之報告、現今各國大都會、皆有通信社多家、其任務則供給新聞社及普通訂閱者以新聞消息、每日發送之次數、並無一定、有每日送十餘次者、(如我國北京之通信社、則未可以與他國者較也)新聞社接得此類報告、有兩種應用(一)略爲修改而登載於新聞紙、凡普通材料、可免於遺漏、(二)遇有突發重大問題之簡單報告、社中更特派若干外交記者爲詳細之探索、是利用以得徑路者、即對於外國電報通信社亦然、除普通者照載外、社中可更電令該地本社特派員詳査其事之經過、求發見外國電報社所未詳之部分、此新聞來源之又一大宗也。

此外尚有特別之來源、如新聞及評論之社外投稿、或某機關自動的告知新聞社以某種消息、其中亦每有有價値之材料、然十九須愼之又愼、所宜防者(一)錯誤(二)感情的攻擊或恭維、(三)與個人有利之廣告式新聞、社中如認爲有可載之價值者、必當再加調查、證明無誤、且將有作用之部分完全刪去、惟既爲揭載、則社中業已代承其責任、除署眞姓名者外、卽當秘密其來源、理由已詳拙著實際應用新聞學第十九頁矣。

第五章　世界的通信事業

第十九節　各國代表機關

各國之有世界的通信事業、固被動於世界新聞事業之發達、因新聞材料需要供給之關係、通信社亦成爲大規模之營利機關、非但認新聞紙爲商品之一、且新聞消息亦認爲商品、嗣後竟見於一九一六年美國大審院之新判決例焉、通信事業與新聞(紙)事業之發達、成互爲因果互相援助之勢、故自有世界的通信事業、則各國新聞紙上採取材料之範圍益擴張而普遍於世界、此各國新聞(紙)事業所以更爲進步也、十九世紀中葉以來、各國中世界的通信事業之代表機關、如英吉利之路透 Reuter 北美合衆國之聯合通信、The Associated Press 佛蘭西之哈費斯、Havas 露西亞(俄)之喊斯脫尼克、Westnik 德意志之瓦爾芙、Wolff 義大利之司忒法尼、Stefani 墺大利之考比由榴 Corbureau 西班牙之法勃拉 Fabra 日本之國際通信社、此外瑞典那威丹麥亦皆有之、惟以上述數者爲最大、具有世界的性質、是等各國之代表的通信機關、對於全世界之新聞、劃分區域、各負蒐集報告之責任、在其區域內互不侵犯、而以新聞消息爲交換、此項國際分業之辦法、於一九一〇年由各社組織同盟、締結十年間有效之分區協定、在各社之總社中、設同盟代表者之事務所、各社所得之新聞、可立即實行交換、茲述分區協定所載各社之新聞勢力範圍如下

東洋一帶、(地域)　路透(英)國際(日)共同區域(通信社)

南美一帶、　路透(英)哈費斯(法)共同區域

法、西、葡、希臘、　哈費斯(法)獨占區域

俄、瑞士、　哈費斯(法)瓦爾芙(德)瑊斯脫尼克(俄)共同區域(尚有美國之合衆通信社 United Press 加入)

德、斯堪提那維亞、　瓦爾芙(德)獨占區域

墺匈　考比由榴(墺)獨占區域

巴爾幹半島、　考比由榴(墺)哈費斯(法)共同區域

義大利、　司忒法尼(義)獨占區域

北美、　聯合通信(美)獨占區域

以上係各國代表機關之協定而各國所有之通信社尚不止此、其後分業亦稍有變更、此類世界的通信社之組織大別之可分爲三種、最多者係股份公司如

英、法、德、義、西、其次則各新聞社之組合、如美、瑞士、日本、亦有官辦者、如俄、如墺、而對於國際新聞勢力範圍之設定、固以蒐集世界各國新聞材料、非一社所能勝任、不得不行分業爲理由、然其影響之及於各國政治、與夫國際外交者、意味乃非常重大、換言之、國際輿論之大權、皆操於其手、最低之限度、亦可爲本國伸張公道、不至被他國所任意誣衊、而平時種種消息、所貽於各國讀新聞者數萬萬人之印象、其潛勢力尤極爲根深蒂固、使全世界民族對於某一國家某一人種發生好感或惡感、皆在平時傳播消息之足以轉移世界人心、然則其關係重要之程度、豈本書筆墨所能形容其萬一、余述至此、不禁發生極大之感觸、我國當與他國有何交涉、或遇世界的重要會議發生時、（如巴黎和會及華盛頓會議）在歐美日本諸國、則平日既有由自發言之機關、臨時又有種種周密之布置、惟我國孤掌難鳴、自己之事實、不能以自己之口直接宣告於世界、須他國人代司其喉舌、即使通信機關皆能如吾人之理想、主持公道、不含惡意、然或因內容不明、而稍有加減輕重、我國所受之虧、已不可勝計矣、而況國與國利害衝突之際、在國界尙極峻嚴之今日、敢保其完全超越國家的利益而爲我國鳴其不平乎?有時固不無一二例外之情形、偶得他國輿論之援助、爲吾人所當感謝、然再細究之、多不外乎下述之兩種現象、(一)甲國不願我國利權爲乙國所得、助我之目的在反對乙而非爲愛我、(二)以我爲可憐而助之、然此類新聞、在國際上並無何等效力、吾人受之、尤當益增其愧痛、獨怪我國以如是龐大之領土、多數之國民、竟至今無一世界的通信機關、加入於國際團體、各新聞紙所載之國外消息、除路透等一二外人機關稍給以材料外、更無其他特別之來源、外人曰紅則紅之、外人曰黑則黑之、政府與國民之向不注意國際新聞、誠國家莫大之恥辱與不利也、若新聞事業而已達於理想之境域、則發表新聞、誠不妨一任他人之如何爲我紀載、然今當國界尙未打破之日、難免不公平與有作用之處、此我國不能自由發表新聞所以應視爲大問題耳。

第二十節　路透社之歷史組織

言世界的通信事業者、必以路透社爲首屈一指、故其規模與已往組織成功之歷史、均大有可紀之價值、路透之總社今設於倫敦、其先有德國人（帕爾裘琉斯 Paul Julius Reuter 路透）者　拙著實際應用新聞學關於此節印刷有誤）於一千八百五十一年創立該社、即今之The Reuter Telegraph Company、（路透電報社）最初不過在歐洲大陸巴黎與柏林間營通信之業務、先設社於巴黎、利用傳書鴿、以縱橫活動、當時因此種大陸新聞通信事業、不勝政治之壓迫、遂驅該社遷徙於倫敦、然其在英、亦有種種困難、而慘淡經營之結果、竟以消息靈確博多數讀者之信用、一般社會漸承認其有存在之價值、例如一千八百五十七年、最早發表拿破崙第三所貽墺國大使之勅語、已足驚倒世人之耳目、其翌年、法墺兩國、因義大利問題而開戰、更與該社以活躍之機會、戰爭之原因、法國因墺國之侵義大利、從而援義以敵墺、僅兩月間、戰事終結、路透社即自此役起、始依電報傳達軍事消息、應用於新聞通信事業、戰爭之關係者既有三國、而路透社員之探索戰事消息、不問法墺義三方面、皆能利用電線及傳書鳩、以大肆活動、不但爲大陸諸國所信賴、即當時英國之各新聞社、亦盛行歡迎路透社之戰事報告矣、此該社成功之第一步也、未幾美國有南北戰爭、爲歐洲人民所注意、而適遇横斷大西洋之海底電線、一時不通、尚未修復、英美間之通信、僅賴乎郵船、路透社又利用此機會、派人赴紐約、集合各種重要消息、密封於鐵罐之中、託郵船帶至愛爾蘭之附近、該社乃自以高速力之小汽船取携郵件、急駛至某處海岸、彼處有六十英里長之該社專用電線、發電於倫敦本社、時時發表比他社獨早之奇拔消息、此該社成功之第二步也、至普法戰爭之時、路透社之設備、已益完整、更大博各國社會之信用、一八七〇年九月一日、塞丹之戰、法國失利、拿破崙第三遂降伏於普魯士國王威廉一世、此重大事件之第一報告、係俾士麥在塞丹初洩於路透社之從軍記者、該社遂得最早發表此項消息、又一八七八年俄土戰爭之終結、俄土兩國媾和條約、在桑斯武發諾地方簽字、然在兩國全權未簽字以前、已爲路透社之所發表、凡此種種、均足使歐洲各國起極大之注意、該社之勢力、乃完全爲大陸及英國之所公認、此該社成功之第三步也、一八九九年、創立人路透男逝世、其子哈巴脫路透男爵繼續經營社務者四十年、哈巴脫路透男逝世後、該社以五十五萬磅讓渡於英人、現其總經理瓊司氏Joans對於去年來遊北京、余偶與談及新聞事業、瓊司氏所主張者、新聞惟完全以事實爲本位、嗣後對於中國亦惟以事實爲公平之紀載云云、路透社係於一八六五年有二十五萬磅之資本組織股份公司、自以五十五萬磅歸英人後、今則股東職員編輯通信、殆全部爲英人、完全成爲英國之國民的通信機關矣、其組織公司以來至今適六十年也。一八

（瓊司君小影）

六五—一九二四）路透社之成功、與歐洲數次戰事、及外交政治皆有極大關係、換言之、戰事外交所賜諸該社之機會爲最多、祇因有此種歷史的原因、該社關於戰事外交政治之報告、乃最爲靈確、殆有從軍記者之素養、且多外交政治方面之聯絡耳、然苟僅以戰報與外交政治貲美

該社、則似未窺其通信之全體、蓋其關於經濟商業上之材料、尤爲精細而敏捷也、以彼過去六十年間之經驗與設備、世界的經濟通信、自然應推該社爲第一、其因經濟關係而聯絡之機關、嶄然非他社所可及、故該社之顧客、不僅世界各新聞社也、凡留心於世界經濟變遷大勢之銀行、公司、商店、學者……莫不賴該社之經濟通信以爲商戰研究之資、而其材料之精確、直有歐美各國官報之信用、如股票、公債、金融、棉花、生絲、藥品、船舶、天產物……之行市通信、皆以敏捷真確著稱於世界、不啻經濟界之明燈、受一般商人學者之歡迎贊許、而前途規模之擴大、需要之增加、殆與世界之文明俱進、未可加以限量也。

關於路透男爵父子兩人、尚有一二軼事、足爲世界新聞業者之談助、路透氏以創立該社之功、封男爵、其未死之前、尚有出資以設法國該社專用的海底電線之計畫、未完成而沒死、時遺囑、即以該社之偉業、傳授於其子哈巴脫路透男爵哈氏生長英倫、受英國之教育、故以德人而長於英語、記憶力之強、知之者莫不驚歎、極明瞭各國之情形、如我國、如日本、彼所知之事、或反出於中日人之上。無論詩歌小說、一讀即全記而不忘、哈氏死後、發見數冊彼所手記之雜帳、其中多含繁複的數學問題、不知何時何地而得許多高深之知識、益見彼之所以統馭如是大事業者、蓋有特別之天才、哈氏繼父之業四十年、因其夫人逝世、失侶寡歡、竟至於自殺、未暇定繼任之人、(一九一五年即民國四年四月逝世)而現任之總經理瓊司氏者、則爲該社數年前所派往埃及南阿之青年記者、哈氏死而幹部議決急召其回英、就第二代路透社之首席、蓋一大新聞家而兼大事務家之著名人物、嗣後經二年、該社讓渡於英國之名人、仍以瓊氏年僅四十活潑有爲、被選爲經理、其主筆記者等、皆英國一時之彥、足以卜該社前途之發展、各國新聞學者、每想像英倫之數間古屋中、日夜無間吐納全世界之新聞消息、由彼古屋中所發出之新聞電報、竟成全人類每日最重要之精神的食物、其與大多數人呼吸相應之關係、不啻隨時增加讀者心臟中之新血液、也若能永久保持其全世界的全人類的公正無私之態度、以不朽路透氏父子數十年相繼之偉業、乃本書所馨香禱祝者耳。

第二十一節　美國聯合通信社

歐洲方面之世界的通信事業、可以路透社爲代表、上節已詳述之、至新大陸方面、則有美國聯合通信社 The Associated Press 蓋北美合衆國之代表的通信機關也、該社之組織、與其他通信社大異、如路透、如哈發斯、皆爲以新聞消息營利之公司、而聯合通信社則係美國各有力新聞社之共同組合於會員組織之下、相互的從事於新聞紀事之蒐集及交換、凡普通的通信社之經營、蓋以新聞材料與商品同視、依此種商品之賣買而營利、比之於工業、通信社爲粗製品、新聞紙乃精製品也、比之於商業通信社爲經理批發新聞社、則門市小賣也、然如美國聯合通信社、則以全美近千（九百餘）家之新聞社而共同經營一通信組合、其經費即由各新聞社適當分任之、同時又經營各新聞社之相互仲介業焉、其採集交換新聞之方法、例如甲地發生一重要新聞、居於甲地之會員（新聞社）有將此項新聞消息達於聯合社中之義務、而該社立即以此消息轉達於各加盟之會員、如是則每一會員不啻一分社、有一千會員（新聞社）與設一千分社於各地、其結果正同、洵爲通信事業之別開生面而且最經濟者（資本經濟人才經濟）其後不僅在美國、凡倫敦巴黎柏林羅馬維也納東京北京墨西哥皆有聯合通信之分社、殆與全世界皆設分社有同一之效果、計分布於國內外之通信員達五六萬人、該社之費用、在十年前一年支出之總數、已達三百萬美金以上、（我國六百萬元）其分任之辦法、並非平均分配、無力之地方新聞所付甚少、而規模弘大之新聞社、則所任甚鉅、加入爲會員之新聞社、每社皆有一票之投票權、凡社長經理等、每年以選舉任之、有願新加入之會員、須得全體會員之同意、如有一社反對、則加入即難辦到、因是新設之新聞社、每有不獲加入爲會員之痛苦、例如『紐約噪』之新聞社、屢屢請求加入該聯合、然皆因『紐約島德』社社長畢優理查氏之反對而被阻、及畢氏逝世、始漸獲加入焉、可見其吸收分子之嚴謹、總經理之年俸、在一九〇五年已給一萬五千美金、今則倍增其數、凡此數者、皆可知其組織之嚴密與進步之迅速也、

聯合通信社中會員與本社及各分社之聯絡、皆常保其關係之密切、此種聯絡之具體的手段、在其本國、晝間用二萬二千英里、夜間用二萬八千英里之該社專用電線、以互通新聞消息、其未設專用電線之處、則用愚斯坦或佑尼翁及其他之電線、且會員之各新聞社中、莫不有專設之電報局、聯合社之電報技手分

布於各社以求發電之迅速、惟一支電線晝夜所能達者、僅約二萬二千言、而美國之大新聞紙、每日自聯合社發來之電報材料、在十餘年前、已約五萬言、載三十五欄、故一支專線、每虞其不及、於是復附設若干直達之補助線、或使用二重機四重機、以求發電之增加、今則每日須達十餘萬言、佔新聞紙七八十欄、設備更繁複矣、上述設備之一例、其聯絡方法之完密、可謂毫無遺憾、故雖有臨時發生之事件、紐約本社與各會員的新聞社之間、數十分鐘即可傳達殆遍、自該社伸張勢力於全世界、有與倫敦路透等社抗衡之資格、進而與世界各大通信機關聯盟、一面且長保其稱霸於新大陸之地位、其在國內之材料蒐集機關、設備皆至爲新穎、於本社及各會員間之聯絡外、復劃全美爲六大區域、每區設分社司傳達新聞材料於該區各會員之任務、而以紐約、華盛頓、芝加哥、舊金山、爲新聞集合之最大區域、每於事務所與各新聞社之間、地下設真空氣送管、長達一英里以上此十年以前已如此近年來之種種進步更有非東方人想像所能及者誠世界通信事業之大觀矣。

美國聯合通信社爲新大陸通信事業之王最初在一八四八年以紐約各大新聞社爲中心而成立至一八六五年另有西部聯合通信之組織與紐約聯合通信不相下嗣後雙方一致皆脫地方之範圍爲國家的世界的通信事業大聯合始有今日之成績依一九一六年之調查組合員已達一千零八十社而與各州之小通信亦有相當之聯絡以交換新聞材料故該社直爲新大陸新聞消息之總匯此外亞於該社者尚有一合衆通信社焉

(附)合衆通信社 United Press 亦與聯合通信爲同一之組合其創立在一九〇八年最初不過有三百家夕刊新聞社(晚報)爲其組合員漸次擴張至一九一三年前有五百五十社其後復增加達六百社以上十年之間組合員適比初

創辦時增加一倍以路易哈娃德氏為主宰網羅多數專門畢業之人才其經營之方針、與法國之哈費斯、德之瓦爾芙、及俄之賊斯脫尼克等通信社同盟、更與路透及其他通信社締結協約以注重俄國瑞士方面之消息為其所長數年前復與日本之電報通信社聯絡在東洋方面亦伸其勢力、有相當之成績此外則「紐約曝」因感情問題不能加入聯合通信社曾憤激而自創「內國通信組合」又有哈司脫氏則創立「國際新聞通信社」皆在美國比較有聲望價值之通信機關也。

第二十二節　法國哈費斯通信社

法國哈費斯通信社者、L'Agence Havas 乃始於一千八百三十五年巴黎商人查理斯哈費斯氏 Charles Havas 在巴黎之廣棱街翻譯英德西義俄等各國新聞紙、分配於各新聞社及大使館等處、為該社創立之濫觴、然因當時法國各新聞社不甚注意於國外之消息、哈氏乃悟此種翻譯計畫之不當、一千八百四十年以後、始於巴黎倫敦及國內都市間利用傳書鴿以通信、自倫敦至巴黎、傳書鴿平均六小時可達一次、在彼時既無海底電線與無線電報、此種通信新方法、遂大惹社會之注目、嗣後鐵路電線等交通機關益臻發達、及該社之通信事業、乃隨文明進步而漸次擴張、一千八百五十年後、其子阿求詩脫哈費斯August Havas繼乃父之志、更謀業務之發展、至一千八百五十六年、決定與皮猷氏Bullier廣告社合併之計畫、（皮猷氏社爲巴黎廣告介紹業之元祖）蓋當時法國地方新聞紙之廣告、殆全部歸皮猷氏社所經理、哈社合併、與二百家新聞社約定以通信稿交換廣告費之辦法、即哈社以各處採集之新聞、免費贈與各新聞社、而新聞紙上日戰一版或四版之免費廣告若干行、此項辦法、爲法國各新聞社所歡迎、兩社乃在各重要都市設立分社、伸張勢力於歐美、與路透（英）及瓦爾芙（德）等同盟已定霸業基礎於歐陸、洎乎一八七三年羅培氏 Loubet 繼其後、復行改革擴張之計畫、該社之前途日趨於隆盛、地方新聞之有鉛版通信、實始於該社、一八七九年、爲男爵狄蘭遮氏 Baron D' Erlenger 所出資收買、是年七月十七日、即以八百五十萬法郎之資本組織股份公司、今其勢力所及之地、法本國已被獨占、而南美、俄國、瑞士、巴爾幹半島等處、皆與路透各社共同活動、蓋在世界的通信事業之第三位置焉。

第二十三節　官辦的通信機關

以上所述之世界通信事業、或爲股份公司、或爲各新聞社之組合、皆自具一種特色、更有第三類屬於政府經營者、則政府機關之彩色甚爲濃厚、對於外交政治之報告、雖保無別種作用、其中一部分材料容亦有比民辦者爲確實迅速之處、然學者總以此類通信社過於重視政府御用之新聞、究竟其公平真確之性質、能達如何程度？不能不成世人之疑問、以常識判之、當然不及公司或組合之較近於理想也。

所謂官辦的世界通信事業者、如俄之嘁斯脫尼克奧之考比由榴、以政府官吏、組織所謂『新聞局』Press Bureau 仰承政府之意志、謀發表新聞手續之統一、與主張之一致、試先以俄國者言之、從前俄都有彼得羅格德電報通信社 The Telegraph of petrograd 為代表俄國之通信機關、其通信之簡號曰嘁斯脫尼克（通報者）亦稱嘁斯脫尼克通信社、而正式之名稱則彼得堡電報通信社也、該社於距今約三十五年前、以蒐集銀行公司商會等機關經濟界之新聞材料組織商業通信社、為其起源、嗣後商業統計學教授密拉氏 miller 繼續辦理、而加以擴充、不僅銀行公司購閱其通信、新聞紙之商業欄、亦多用作材料者、擴充之範圍、竟至俄國之內有通信員三千人之大組織、密拉氏在距今十三年前、終於商務次長之位、繼密拉氏而經營商業通信社者爲禿巴敢夫氏、Turbacheff又就該社而大事改造、始更名曰聖彼得堡電報通信社、其通信材料、不以商業性質者爲限、關於政治外交各問題、亦漸供給焉、先是俄都有所謂「北方通信社」者、得俄政府之特許、每月可發三千語之免費電報、以同一稿發送於各處、禿巴敢夫氏援例提出與彼社同樣特權之請求、俄政府許之、於是彼得堡電報通信社遂與北方通信社爲劇烈之競爭、最後之結果、「北方」大失敗、於距今二十年前停閉、而彼得社乃獨稱雄於俄國焉、禿巴敢夫氏復辭該社之職、赴德國柏林、充俄國商務官、以社事委諸部下拉莫凱爾脫氏、至歐戰時尙任其職務、聞該社收入、始終以商業通信部分爲主要、其與世界各社之聯盟、乃以代表俄國而加入、歐戰而後、中經數次之革命、人員大更易、且帝政時代用英語者、後乃改用法語焉、亦可見官辦事業隨政局而變遷者之紛擾矣、其次通信社官辦之性質尤爲純粹者、有墺國之通信局 Korespondenz Bureau—其電報之簡號曰 Corbureau 該局直屬於墺政府外交部之一司、乃官辦之特色、御用之色彩自更爲濃厚、故當內閣更迭之際、該局重要職員亦隨之而易人、其弊有不可勝言者、墺國因重視御用通信之政策、於一九一二年三月七日之內務部令、對於私立的通信事業大加以壓迫、決定凡新設者一概不批准之方針、俾官辦通信有獨占之勢力、新聞學者皆譏爲非得策、該局亦代表墺國而與世界各社聯盟、至歐戰發生、德墺兩國之通信社與英法等之聯盟一時斷絕、至巴黎和會以後始漸恢復焉。

俄墺以外、德之瓦爾芙（即大陸電報通信社）雖非官辦而御用之色彩亦厚、蓋就大體言之、俄德墺當帝政時代、皆最注重新聞政策者、故國民的新聞事業較不自由、此可以略見政治所貽於新聞事業之影響矣、雖然、今日的蘇維埃治下之言論自由又何如耶？

（附）日本之世界的通信事業、較各國獨遲、亦極感於經濟外交政治等一切不能自主發表於世界爲大蒙不利至大正二年、（卽民國二年）因澁澤男爵之斡旋、聯絡東京大阪有力者（公司及個人）二十餘人、集合資本、爲一組合的組織、至大正三年三月、更由該組合出資、組織合資社會、而國際通信社、遂以出現於東方東京設本社、聘英人約翰氏爲總支配人、（多年在日本、對通信事業頗有經驗曾由日皇室叙以勳三等）大阪設分社、東川嘉一氏爲經濟部長、北京方面、曾與東方通信社合力聘余爲外交記者、僅三個月、因實無暇而辭職、其與世界各國代表日本而加入同盟、司日本方面材料之供給、嗚呼、以我國之大、竟至今無一世界的通信機關、可自主發表其消息、思之誠不勝痛恨、但余固未一日忘此事之宜設法進行也。

最後更有一言提醒我讀者、世界的通信事業之急務、似注重外交政治方面、實則各國在數十年前皆已預知世界的經濟問題之重要、故著名各社、莫不極注重於經濟之消息、蓋經濟問題、爲『平時的戰事』、大戰之所以起、亦緣經濟競爭之衝突決裂而已、然則我國所以未能產生此類通信事業者、固由政府國民之漫不注意、殆亦以經濟勢力之未足與世界舞台相見而不覺爲十分需要故耶?

第二十四節　戰爭與通信事業

戰爭爲人類獸性之發現、野蠻時代之遺習、世界著名學者詩人等、大多數反對之、世界因戰爭所受精神的物質的損害、不可以數量計、即如新聞事業、亦大受歐戰之影響、凡戰禍最烈之處、新聞事業皆橫遭摧挫、在好戰者之鼓吹固不無一部分因戰事而發生之利益、然究不敵因戰事所貽困難之鉅、此所謂困難、亦有認爲『教訓』者、即緣困難而思所以解除之方法、可作資以進步之材料、如因戰事之故、通信之需要增加、各通信社擴大其規模、在未設立之國家、則有新設之必要、然此不能認爲精神之進步、其最大之損失、爲通信機關受政府軍隊之壓迫、一時皆成『御用化』、退縮世界的範圍、而加厚國家的色彩、例如全世界通信大同盟之打破、乃其最著之事實也、因通信之御用化、於是減少眞確之美性、增長虛僞有作用之惡性、此無論何人所不能否認者、且新聞材料之蒐集輸送、皆有預想以上之困難、試具體舉其重要之各項如左、

（一）交通機關發生障礙、——例電線火車論船之概歸軍用、或被毀壞、

（二）新聞材料須受檢查、——例無論電報函件、皆歸軍事機關嚴重檢查、稍可疑者即被扣留或删削、且致時間之稽延、

（三）熟練人員陡形缺乏、——例如歸政府管理後、因人員之更動而生遲滯之困難、

以上三者皆屬歐戰時之實狀、當戰爭開始後、各國通信社皆一時歸諸政府管理之下、即不然亦受積極的干涉、新聞機關陡失其常態、又如海底電線之屢生障礙、德國之海底電線、即行切斷、以阻敵軍之通信、惟英法聯軍方面、海底電線始終保全、乃英國海軍之功、此外無線電亦屢被攪擾、致重要新聞消息、多阻滯於混亂不明之中、而各通信社皆被政府軍隊無理性之使用、其精神一時喪失、不待言矣、

至於新聞消息之檢閱、尤極爲嚴重、若在平時、則僅依麗斯朋之萬國電報會議所協定、凡電報之有害善良風俗紊亂國家之治安與法律者、得一部或全部删削或沒收之、而各國官吏、已難免過分解釋、濫行檢閱之危險、使通信社大感其困惑、試舉其一例、蓋日本之笑話也、

當日本明治天皇病危之際、日本國際通信社、發一電報於各國、其中關於

溫度一節、被日本官吏檢查删削、蓋日本之體溫計、係使用攝氏表、而歐美則使用華氏表、當時明治天皇之溫度爲攝氏三十七度若干、該社換算華氏表、故電文中言一百度以上若干、日本官吏指爲誇張、遂援有害治安之條删削之、

平時既如此、戰時檢閱之嚴、自不難想像而得、其最普通者、如密碼之限制與禁止、數字之不許用、(或須綴以明語)外國語、船舶名、地名、軍隊人數等之限度與禁止、已足以使記者之天職封鎖其大半、而所謂戰時檢閱者、又可分一般檢閱與戰地檢閱二者、一般檢閱、大抵如上之云云、至戰地檢閱、則慘酷眞爲不可名狀、凡電報通信之斬頭削尾支離滅裂、令人無從解釋者、蓋視爲平常之事、與此種困難交戰、從軍記者乃費盡腦筋、思種種妙計、以逃檢閱者之辣腕、實慘淡經營之工作也、(我國當政局發生問題時，國內之通信電報，亦備嘗此苦，尤可謂無意識矣)然檢閱雖如此其嚴、新聞記者之天才、

亦有足以驚破彼輩軍人之膽者、此則英國之一大笑話、新聞學者每引爲談資、其事實如左。

歐戰時倫敦之某新聞忽將英軍隊在法之實數、具體揭載於報紙、政府閱此、乃大爲狼狽、用種種方法、澈查材料之所自出、仍無明瞭之結果、因是與此事有關係之官吏皆負責辭職、最後向該新聞社追究其原稿、該新聞乃發表覓得是項軍隊確數之原因、乃英國政府之官報、發表在法國之英軍病兵人數、而其註中則有病兵爲全軍若干Per cent之一行數字、該新聞之記者用此以還原推算、遂得在法的英軍全隊之人數、使政府始而驚倒、繼亦自笑其疏漏、而安心於並非敵軍探悉之原因、可見新聞記者之細密、每注意於常人所未必注意處、此亦一大足開悟吾人之材料也。

此外則因各國全國皆兵之制度、戰時每犧牲血氣旺盛之青年於沙場、使新聞記者熟練之人才缺少亦為不可忽視之原因，故婦女記者培養採用之提倡，乃將來一有興味之問題。

第六章　新聞紙之進化史略

第二十五節　新聞紙之起原

新知識互相交換之要求，為人類本能性之一種，此種本能性之發達，在人類未有文字以前，已略開其端緒，新聞紙之特質，最足以應此種本能性之要求，故至今遂成社會生活之一要素。溯其進化之順序，無論東西各國，皆有相當之歷史，先以我國言之，尚書之紀政治，詩經之詠風俗，春秋紀事之有年月日，在今日視之為經史，而當時則頗含新聞之種子焉，輶軒采風，與後世新聞記者之游歷考察，亦有類似之性質焉，春秋在西曆紀元前七百年頃，可稱世界最初之廣義的官報，惟尚無『報』之名義而已，嗣後有『京報』『開元雜報』『邸報』種種名義之出版物、亦皆紀朝廷之事、王安石所謂『斷爛朝報』、蓋此等皆政府發號施令用人行政之彙錄、只發布於朝廷官吏之間、不普及於社會、且未具現代新聞紙之條件、不得即以新聞紙目之、而其爲後世新聞紙之濫觴、則無可疑者、若論具有現代的形式內容之新聞紙、以我國言、尚僅有六七十年之歷史、且最初莫不假手於西人、讀者皆知現存之上海『申報』爲我國新聞紙之最古者、(當初亦英人美查氏所辦、同治壬申三月二十三日出版)但據申報創刊號之告白、則彼係仿效香港之『唐字新聞』者、且據日人在六十餘年前所翻譯之漢字新聞、亦尚可舉出較申報爲早之數種、(日本當時無新聞紙，惟翻譯西洋及我國出版者而已)惟雖屬華文、仍係成於西人之手、蓋傳教方法之一種耳、日人所曾以官版發行者、計有五項如下。

(一)中外新報 十三卷 係前清咸豐八年十一月起(一八五八年)積四年所發

行者而成十三卷、乃我國浙江寧波之新聞紙、成於美國教士應思理（譯音）之手、有謂應思理乃華人者誤也。

（二）**六合叢談** 十六卷 自前清咸豐七年一月（一八五七年）起、至翌年五月迄、約每月發行一次、為我國上海之新聞、英國系之聖書出版所墨海書局編輯（局長為英人亞歷山大依理氏）其中注重自然科學、貿易、人物評論等。

（三）**香港新聞** 八卷 為前清咸豐十一年七月初五（一八六一年）以後之部分、此項新聞、乃香港英文報中所附之中國版也。

（四）**中外雜誌** 七卷 為前清同治元年六月（一八六二年）自十一月、上海所發行之月刊雜誌、編者為英國教士麥理旺氏、內容關於科學之材料為多焉。

（五）**遐邇貫珍**　為香港華英書院所發行、包含雜誌新聞之兩種內容、香港政廳官吏喜理亞等主筆、一千八百五十三年出版至五十六年止。

中日兩國新聞紙進化之歷史、其初有相同之一點、即皆先創於外國教士之手是也、故各國傳教東方與新聞紙進化之關係、有不可忘者、嗣後我國文化漸進、新聞紙之發達、乃有今日之狀態、然非但不及歐美、即比諸後進之日本、亦至少相差數十年程度、誠我國人士之羞也。

以歐洲方面言之、最初爲『官報』之濫觴者、有羅馬凱撒大帝所發布之政令紀錄、以政令傳達於各地之官廳、蓋古代羅馬帝國之兩大特色、爲街道之修整與通信機關之完備、其用意在軍隊輸送之便利、及軍情傳達之迅速、凡街道所經、每處皆有郵箱、此項通信機關之發達、與後之新聞事業、亦至有關係、當時較具『官報』之性質者、一曰 Acta Senatus、純然載政府之事、如元老院之訓令等、只配布於官廳、一曰 Acta diurma Populiromami 則以廣示人民爲目的、遍揭於街衢、或塗石膏、或刻白板、有『咸使聞知』之意、此皆不能比擬於現代之新聞紙也。至羅馬教會時代、通信事業盛行、可謂新聞之前身、而漸與現代新聞接近者、則首推義大利、一四五七年、有 Gazette 出現、一四九九年、又有 Colonigue 出現、或謂 Gazette 爲當時 Venice 共和政府一種貨幣之名稱、每一紙新聞、售 Gazette 一枚、故後世每以此爲新聞紙之名、（但此有三說）又一五六六年、Venice 有 Notizie scritte 出現、據新聞學者之推測、此類新聞紙、尚非完全現代的新聞紙之意味、蓋擴充個人的通信爲一般的通信而已。

第二十六節　新聞記者之起原

考新聞紙之起原、無論東西各國、皆曾經『官報萬能』之階級、此種類似官報之出版物、自係成於官吏之手、彼時既並無現代的新聞紙之觀念、更不知有所謂新聞記者、官報發生以後、通信事業漸盛、實係布教與進行教會政治之聯絡方法、故通信爲新聞之前身、多數司通信之職者、即新聞記者之前身也、在印刷術未發達以前、(印刷術發明於西歷一四三二年)已有通信販賣之業、以同樣之通信抄送各方(與今之新聞紙意味極相似)操斯業者所謂『筆耕 Manuscript』之人、在古代義大利之各都市、幾成爲一階級、是可謂後世新聞記者營獨立的職業之起原、然細察之、彼時之筆耕者、實只能認爲排字之工人耳、惟古昔分業未精、撰寫之人、未能分而爲二、義大利語中三種名詞之變遷、可證通信筆耕與新聞及新聞記者之關係、

(一)Scrittori d'avisi (直譯爲通信筆耕者)

(二)Gazettanti .(即新聞店)

(三)Novellanti (Novella 即 News、故此爲『新聞記者云』之意。

從以上義大利語觀之、可見機械的職業漸變爲精神的職業之意味、

上述之手寫新聞、不僅義大利費尼斯 Venice 諸都市有之、法蘭西各國亦皆有「手寫新聞」之語、如 Nowveela a la main（法文）英語即 News by the hand（之意）英國稱「新聞通信」、即曰 News letters 由於當初之新聞通信、即用尺牘之形式耳、而是等尺牘新聞之手寫者、至印刷術發明以後、仍未全廢、蓋因鐵路不廣、非如今日新聞紙之遍布於社會、待有需要者、則手寫與之、無印刷之必要、是猶之現在北京之新聞紙、每日不多數千份、少則百數十份、無用電力輪轉機之必要、聯想而及我國新聞事業之幼稚、誠不禁三歎也

是故新聞事業與新聞記者職業之發達進步、可約分為三個時期、第一期如羅馬時代之官報公告及尺牘報告、純屬政府官吏政令通告及個人的自由通信、（猶工業之自製自用時代）第二期如羅馬以後義大利等國之手寫新聞、待有人需要而後製、（猶工業之定貨然後製之時代）第三期為現代真正意味的新

聞紙開始時代、因印刷術之發明、爲新聞紙發達進步第一新紀元、印刷術成於德國人之手、故其影響先及於德國、換言之、眞正意味的新聞紙、即先實現於德國也。所以形成現代的新聞紙者、有三種必要條件、（一）用紙印刷者（二）有一定之時間發行（三）不問需要者曾先行定貨與否而印刷多份以供給者需要者、

上述三項條件之中、（一）顯與手寫者有別、（二）顯與發行無一定時間者有別、惟此之所謂一定時間、與現今之每日三日一週一旬一月者、尙有若干距離蓋至爲廣泛之一定時間、如每年發行一次或二次、然其所定之期則不誤也、（三）顯與待預約而後製者有別、讀者須注意此點、即新聞紙商品化之第一步矣、所謂一年發行一次者、如十六世紀之『郵報』Post Reuter（爲歐洲最古之一…聞紙、又如『市報』Mess relation 則爲一年發行二次之新聞紙、而所以每年定

期發行二次者、又有特別之原因、當時德國之大都市、每年有兩次市日、商賈輻輳民衆會集、可想像其熱鬧之光景、第一次即四月之耶穌復活紀念日、第二次爲秋之聖米凱爾紀念日、猶東洋社會之有春分秋分、以此兩市日發行『市報』最利於銷售、遂成新聞紙及其他書籍印行之習慣、故查考十六七世紀所出版之古書每有某年耶穌復活紀念日或聖米凱爾紀念日印行之字樣、其明證也、

第二十七節　十七世紀以降

眞正意味的新聞紙、十六世紀方胚胎於類似新聞之通信業的母體之中、胎兒之較完整者爲義大利之Gazette、次則德國之定期的郵報與市報、可謂將離母體而營獨立新生活、至進於十七世紀、始衝破母體而出、其墮地呱呱之第一聲、爲十七世紀初頭德國所發行之週刊新聞（一六一五年出版至一八八三年

調查而尙存在）自是更經數十年、始有日刊新聞出現於世界一六六〇年德國之 Leipziger Zeitung 出版蓋日刊新聞之首創者、德語中之 Zeitung 卽英語之 Times 乃最初以此用爲新聞紙之名稱（今則泰晤士成爲最普通之名稱）英國的日刊新聞紙之出現、較德國爲遲至一七〇二年、始有 Daily Courant 出版、爲英國最初之確定的日刊新聞此 Courant 之意義、與 Reuter 相同有『行人』Runner 之意即法蘭西語之 Courrier 義大利語之 Corriere 法蘭西又較英國爲遲一七七七年、始見 Journal de Paris 之日刊新聞出世、法語所謂 Journal 者亦與英語 Times 同其用爲新聞紙之名稱認爲『新聞』之意則以此時爲第一次但上之所述、不過其大概且爲說亦各不一如英國之日刊新聞有謂創始於一六九五年倫敦之『郵報』（惟存在之期間極短）而完成於一七〇二年者、總之十七世紀中葉至十八世紀初期、爲各國新聞紙出世勃興時代依一八八三年之調查表所列、自一六一五年德國週刊起、至一八五五年止、歐洲各國最著名之新聞紙已有三十九處之多、其中倫敦居十二、因其發達之速、此美國式之外所以有英國式歟?

至十七八九世紀以來新聞事業所以更爲發達之原因、間接的由於敎育之進步、民智之開發、革命之潮流、人類需要新知識之慾愈盛、非有多數新聞紙、無以滿足其要求、直接的原因、則可以下列數事具體說明之、

(一)機械之發明　自印刷術發明以後、新聞紙始有進步之可能、而更足促其進步者、則爲印刷機械之突飛改進、凡印刷、切斷、包封、皆器械爲之、每一時間能完成二萬四千枚乃至三萬五千枚之新聞紙、其可驚之速力、決非古人夢想之所及(但尙有數倍於此之新發明)

(二)電報之利用　自電報發明、供新聞之利用、可頃刻而得全世界之消息、

以供給多數讀者之需要、此與印刷機械相輔而行者、

（三）政治的興味　革命參政之運動、使民衆對於政治之興味、益形濃厚、彼時之新聞紙、不僅搜羅珍奇之事實、且爲民衆政治運動之指導者、此勢力所以愈張、銷數所以愈鉅也。

（四）經濟的原因　歐美各國工商業發達以後、經濟上之消息、爲一般工商界所注意、且如紙價低落、新聞紙之生產費驟減、售價亦可以低廉、使一般皆有購讀之能力、（此項爲一八八〇年至九〇年之美國情形）

十七八九世紀以降、世界新聞事業之進步、仍以英國爲主位、而所謂「美國式」新聞之崛起、幾有凌駕英國之勢、美國以新造之邦、其新聞事業發達之機運、較英國爲遲、然至十九世紀之下半期、綜合各種原因、使美國新聞界之傾響一變、於是「美國式」之新聞紙、遂衝出新大陸而輸入於歐洲及東方之日本、其

最大的原因仍不外上述之經濟的理由、例如當南北戰爭時、最劣等之紙、每磅 Pound 須二十二仙、Cent 至一八六四年而僅有十三仙、及製紙機械發明而後、新聞用紙之優等者價僅一仙半矣、益以印刷機改良電報利用時間縮短售價低廉諸原因、『米國式』新聞、遂幾奪英之地位而居世界第一、故論近世新聞事業之最發達者、英美兩國而已。

第二十八節　各國新聞之特色

十八世紀之末葉爲英國大新聞勃興時代、此種新聞紙乃超越國界而有世界的威力、如一七七二年創刊之『晨郵』一七八八年創刊之『倫敦泰晤士』此外如『日日新聞』『晨報』皆爲當時最有力之新聞、據一八五四年之調査、各新聞之發行部數、爲二千六百至七千六百、惟泰晤士則早達五萬部以上、其後更急速增加、一八六一年而達十餘萬、當柏林會議條約內容探得之際、一專電而費八百磅之鉅金又一八四〇年其巴黎特派員發見大陸僞造紙幣之秘密牽涉各銀行至被課五千磅之罰金而聲價益以振起一八四七年發見德國對法之陰謀以一電揭破之防止歐洲之戰禍故該報至今爲世界的新聞足以震讐各國之政府。

十九世紀英國新聞所以長足進步之原因、不能不歸功於印花課稅之廢止、（參看新聞紙法章中）此項問題始於一八三六年九月十五日路德拉丁之提案減輕新聞紙之印花稅（四辨士減爲一辨宜）使新聞界立生影響、試比較之如下、

一八三五年課稅時、英國新聞紙之總數爲三千六百萬枚、稅金總計五十五萬三千磅、

一八三八年減稅實施以後、新聞紙總數五千三百八十九萬七千九百二十六枚、而稅金總數反減爲二十二萬三千四百二十五磅、

一八五五年一月五日之調查、被課稅一辨宜之新聞紙總數爲一萬〇七百五萬二千〇五十二枚、

稅金總數爲四十四萬六千〇五十磅

至一八五五年，財政當局提議撤廢新聞紙之印花稅，下議院中以二百十五人對一百六十一人多數通過之，自是以後，新聞社之基礎，益形鞏固，各處設立者驟增，新聞紙之賣價，大都低減，一辨士或半辨士，可以購讀，無論何種新聞，故此後之發行額多達於五十萬百萬以上者，可見其影響之大矣。

其在美國，則新聞事業之發達，遙比英德等國爲遲，然因其開國即獲得比較的自由，非如他國曾經十分壓迫之歷史，適遇各種發明及原料低廉資本豐富之機會，故一出而風靡世界，美國新聞紙之發祥地，爲波士頓市，始於一六八七年，至一七〇四年而稍進步，然較重要之新聞，則皆爲一八三一年後之所創設，波士頓以外之中央及南部諸州，又遙比該處爲遲，一七七〇年頃，全美可計者，止有三十餘社，且多週刊之新聞，巴奇尼亞等處一七三六年始有新聞，一八一〇年，新聞僅二十三種，一八七〇年而有一百七十三種之多，總行額達十九萬

八千二百七十二部、

紐約之新聞始於一七八八年至一八五〇年、有日刊新聞五十一種、其最著名者爲紐約 Herald 乃一八三五年之所創刊、經營之方針注重於營業而以廣告收入爲財源、且不惜巨資、求特別之電訊、一八八二年之某日、曾揭載特電四十欄、又是年某日、曾有百欄之廣告、可察知該新聞之特色、此外如紐約泰晤士、創設於一八五一年、亦爲著名新聞紙之一、一八六〇年以後、紐約新聞界競事擴張、如海拉爾德、竟發行三十二頁、實美國式新聞多量主義之一斑也。

美國地方新聞之發達、因其電報交通之便利、及各種通信組合之奮起、故凡有一萬五千人口以上之殖民地、必有一日刊新聞、茲以某學者之調查、示美國新聞之增加率如左。

一八五〇年

日刊週刊數	總發行部數
一、七一三	二、三二一、五一三
一八七〇年	
五、八七一	二〇、八四三、四七五
一八八〇年	
日刊　、九七一	
其他　一一、三一四	三一、七七九、六八六

最近二十年來之情形、如紐約海拉爾德資本規模爲最大、利用大西洋海底電線、且組織通信同盟、供給各地方新聞以電訊、其發行於巴黎之歐洲版、乃以美國式之特色輸入於歐洲、又紐約烏德發行額在十年前已達四十萬、其進取企業之精神、最足發揮美國式之特色、紐約亞美利刋爲新聞王哈斯脫氏所經營、乃學者所稱爲『黃色新聞』之最著、十年前曾招聘一主筆而給年俸二十萬

元、其內容平易通俗、同時又有誇張煽情所謂「哈斯脫式」之特色焉。此外如泰晤士等、皆為全美有力之新聞。(參看寫眞)

德國新聞之出現、比之各國為最早、(一六一九年以來)因其印刷業及出版書籍之隆盛、有世界第一之稱、然新聞業則不如英美遠甚、此有種種原因焉、其第一理由、新聞紙之販賣區域、不如他國之廣大、蓋德意志以二十五聯邦而成一國、雖關於軍事外交有中央帝國政府、然各聯邦之政治教育風俗感情各不相同、故在各聯邦內有相當之新聞紙、不能如他國之集中於首都發生支配全國之大新聞社焉、其第二理由、德意志之國民性、喜為科學之研究、潛心於系統的組織的甚深之知識、故非如美法國民之尚新奇喜讀煽情挑發之紀事、其新聞紙遂偏於學藝方面、而不以興味消息為本位、且通信機關、亦不如他國之完備、其第三理由、該國之大新聞、多為中央政府或聯邦政府之御用機關、此外則猶太人所出資之營利新聞，尚有一重大原因，該國之週刊及雜誌與其他輕便之出版物，却非常繁夥，新聞之讀者每被吸收於此一方面，與美國式新聞之緣不甚近，凡此皆新聞紙不如他國發達之原因也，但在戰前如『北德新聞』及柏林之主要新聞等，其銷數亦自十萬二十五萬乃至三十五萬之譜，而美國式之新聞紙，在柏林亦已有仿效之者。

更一述法國之情形及其與他國迥異之特色，該國新聞之濫觴，始於一六三一年，最初所出版者，爲一二政府當局所特加保護之新聞，如路易十三與『議賽脫』新聞之關係，亦新聞史中有趣味之事實也，至十八世紀之末（革命時代）政府採用言論自由政策，而撤廢從前壓迫之手段，遂以促新聞事業之勃興，曾無幾時，拿破崙第一又採用高壓之政策，新聞停刊者不少，倖存者僅十三處而已，及一八三五年頒布寬大之法令，繼以一八四八年之革命，言論乃大獲自由，然拿破崙第三出拉姆之獄而爲法國之元首又一時的施行極端壓抑之政策、幾次變遷經一八八一年七月二十九日第三共和政體之實現始制定自由主義之出版法法之新聞界乃發達進步以至於今

法國全國之新聞當一八八〇年至一九〇〇年之間已倍增其數以巴黎而言、一八八〇年有新聞一百二十社至一八九〇年約有一百六十處一九〇〇年、遂增加二百四十處以全法而言除去週刊以上之定期刊行物新聞之總數一九〇〇年有二千四百種其中有二千六十種乃從地方四十餘都市所發行者、該國過去數十年之新聞歷史均與共和主義急進的社會主義愛國主義拿破崙主義等各種彩色有密切之關係其興消廢長亦隨政治環境而變遷故其新聞紙之主眼有不注重新聞消息之缺點其後一轉而脫從前之陋習社會紀事、文學紀事等漸成新聞紙之重要材料『瑪丹』等新聞均爲社會所信仰尤以

『換替巴黎差』爲特色、銷數達二百萬以上。行於法比之間、有專用之列車、及種種美國式之設備。新聞記者則如克理曼梭、等（克氏爲歐

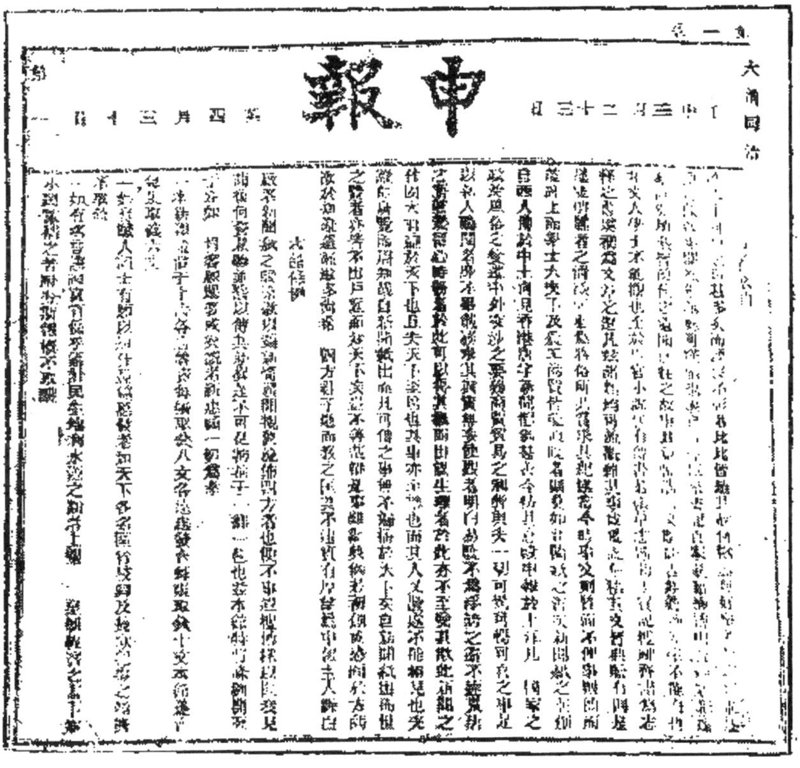

申報五十年前之創刊第一號

戰及巴黎和會中之法總理）皆今世著名辛辣峻拔之人物。

此外如俄國、始於一七〇四年十二月十六日所發行之『蓋賽脫』爲政府機關新聞、依彼

得大帝之命令而設立、至一八三五年之調查、則全國除波蘭芬蘭、有新聞一百三十餘種、一八五八年又增加其數、聖彼得堡八十二、莫斯科十五、而此類新聞之中、俄德法英波蘭義大利諸國之文字皆有之、一八七九年所調查、因亞歷山大第二施行寬容之政策、新聞之種數增至二百九十三、然其中一百〇五、皆直接在政府威力之下、且所謂寬大政策者、僅見於一八五五—一八六四之十年間而已、嗣後之專制干涉、蓋至帝政之亡而始已、革命以來、經濟不振、且蘇維埃之獨裁政治、新聞事業亦大受其影響焉、

最後一述東鄰日本之狀態、在明治以前、尚未進於現代新聞之軌道、至明治三年十二月、有『橫濱每日新聞』創刊、五年而東京始有三大新聞出現(其一)二月二十一日初號之東京日日新聞、(其二)三月十七日初號之日新眞事誌、(其三)六月發行之郵便報知新聞、嗣後遂進於政論新聞時代、分官權民權兩

派、而明治五年七月以降、大阪名古屋京都等處之地方新聞亦以勃興、然如八年六月二十日之新聞條例、加新聞記者以體刑、封禁停版、亦所在多有、爲日本新聞界恐怖時代、頗經不少惡戰之血史、及大隈與藩閥分裂、自由立憲諸政黨發生、此時之新聞、一變而爲政黨所御用、於是有名之福澤諭吉、乃以調和官民之理由、立於政黨之外、以明治十五年三月、創刊『時事新報』然政府黨之新聞、日就衰落之悲運、條例益加峻嚴、民黨新聞亦無甚起色、而時事

福澤諭吉氏

新報於明治十八年十一月中旬、始注意於廣告之營業、十九年而報知新聞行一大改革、二十一年五月以後、大阪之朝日每日皆以營業爲本位、然資本皆在七萬元以下也、二十三年標榜平民主義之『國民新聞』創刊、適當憲法公布

（二十二年）以後、於是衆議院中將停止發行保證金制度。及新聞記者之體刑。等主張廢止、中經『中日之戰』新聞咸傾於營業方面、通信社亦漸發達、又經『俄日之戰』各大新聞乃盡腐心於消息及銷數（廣告）矣、大阪之朝日、決議增資本爲四百萬、每日則增資本爲二百五十萬、其銷數亦達數十萬以上、而多數新聞之內容設備、皆採用美國之新式、雖經去年之大震災、其進步依然未已、我國人對之、當如何生愧耶？

第二十九節　英國式與美國式

世界各國之新聞事業、以英美兩國爲最發達、於是因各國新聞界之競相模仿、而有英國式與美國式之兩種系統、換言之、即兩國新聞紙內容形式有種種不同之點也、至從事實上加以觀察、則英國固多美國式之新聞紙、美國亦有英國式之新聞紙、故此兩者並非截然以國界爲區別、惟大體上兩種格式不同之各

點可以理論明白劃分之、供新聞家之參酌採用而已、

再論各國之情形、則美國式之勢力固非常盛大、然英國式亦未爲各國新聞界所棄、有一種新聞紙而兼用兩式之長者、有朝刊用英國式而晚刊用美國式者、要之各有所宜、尤各有所長也、試舉兩式最易區別之要點、(一)編輯之體裁、(二)材料之選擇、(三)記事之作法、……兩者皆有顯著之差別、

先就編輯之體裁言之、英國式新聞紙之第一頁、大抵皆實以廣告、或無關重要之稿件、蓋以第一頁爲表皮、美國式則最重要之材料、先列諸第一頁、蓋以此地位最易使讀者觸目注意耳、又英國式新聞之排列、有一種不明言之習慣的分類、如所謂硬派軟派之分、卽凡政治外交等最重要之消息、排列在前、而社會市井之新聞、則列諸他版、美國式惟以興味價値爲標準、不問其爲政治外交或社會市井發生之事、凡認爲最有興味者、皆混同而列諸第一頁、以余所揣測、此類

格式所以不同之原因、或係出於販賣之手段、蓋英國以每月或長年訂閱者爲多、其銷數固定、自不必專設法以眩讀者之目、美國則流動零售者爲多、故以大新聞列諸封面、易使一般人見之而引起其購讀之動機、此外則所用鉛字之大小與標題之方法、兩者亦每多異點、英國式每條新聞中不加入多數大小不同之鉛字、其標題亦喜平易切實、不羅列多行小題目、美國式往往一條重要新聞、各式鉛字並用、有極大者、有極小者、要使其中可注意之字句顯豁呈露、惹人注視、且標題亦有縱橫排列多至十數行者、更觀夫美國式新聞紙、最喜寫眞銅版、如社會新聞、每將與該新聞有關係之人物場所等、以圖片與新聞相接、英國式則偶用照片、每係政治中著名之人物、不喜多插社會新聞之圖畫、尤有一種大異點、英國式新聞紙、星期日大抵停刊、美國式則星期日反至增加篇幅、售特定之價、以上所述之種種、似皆可以販賣手段不同之原因解釋之、其次就選擇材料與新聞記事之作法言之、英國式注重政治外交之材料、美國式則政治外交之外、尤注重社會方面之興味材料、故英國新聞紙以報告國內外之大問題爲主眼、美國新聞紙則不喜專記政治外交或國外電報、而市井中所發生之殺人、强盜、戀愛、欺詐等問題、尤爲注重、因其主眼之差異、紀事作法隨之而不同、如英國式之紀事、皆主切實莊嚴、其敘述順序、亦甚整飭、美國式則形容煽動、迎合一般人之嗜好、余今杜撰而加以分別之標準、英國式新聞、似爲守舊的、歷史的、美國式新聞、似爲改進的、小說的、要之、販賣手段之迥異、社會風尙與國民性之各殊、有以致之、而美國式之勢力、則今方滔滔流入各國、有征服全世界之趨勢、然英國式之所長、亦仍與美國式相頡頏、不能使之消滅也。

最後以英美兩國編輯部之組織、列簡表如左、但此非比較之意、舉其一斑而已。

英國之編輯部

- 主筆
  - 外報部 Foreign Department
    - 編輯（內勤）
      - （一）部長 Foreign Editor
      - （二）次長 Assistant Foreign Editor（及助手若干）
      - （三）編輯長 Foreign chief sub_editor
      - （四）編輯員 Sub_editors（若干）
    - 外交（外勤）
      - （一）在外通信員 Correspondents
      - （二）常任通信員 Our own Correspondents
      - （三）特約通信員 Our Correspondents
      - （四）特派通信員 Special Correspondents
      - （五）其他……
  - 內報部 Home news Department
    - 編輯（內勤）
      - （一）部長 Home news editor
      - （二）次長及助手若干
      - （三）編輯長 Chief editor
      - （四）編輯員 Sud-editors（若干人）
    - 外交（外勤）
      - （一）地方通信員 Socal Correspondents（若干人
      - （二）外交記者 Reporters（若干人）

美國式新聞及其星期刊

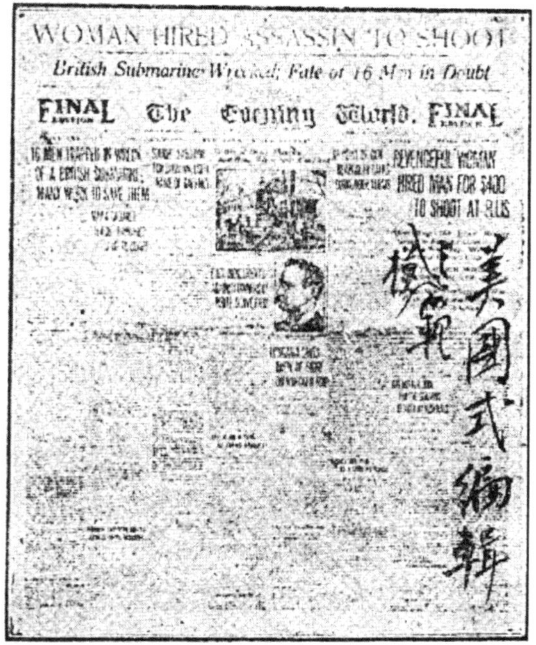
WOMAN HIRED ASSASSIN TO SHOOT

British Submarine Wrecked; Fate of 16 Men in Doubt

FINAL The Evening World. FINAL

16 MEN TRAPPED IN WRECK OF A BRITISH SUBMARINE; MANY WORK TO SAVE THEM

REVENGEFUL WOMAN HIRED MAN FOR $400 TO SHOOT AT ELLIS

美國式編輯

美國之編輯部

(新聞評論•爾大系統)

△△哈斯脫式

社長 The President

即主筆 The Editor in Cheaf

新•聞•部• The News Depertment …………… The Managing Editor

- (一)(看大樣) Night Editor
  - (甲)外交記者
  - (乙)百哩內之通信員
  - (丙)閱讀新聞紙者
  - (丁)記錄人(原稿)
  - (戊)原稿修改者(一系之長)
- (二)社會(政治)部 City Editor ……
  - (甲)國內聯合通信社
  - (乙)百哩外之通信員
- (三)(有線部) Teregraph Editor
  - (甲)海外特派員
  - (乙)特設通信員
- (四)(外報部) Cable Editor……
  - (子)各處新聞紙剪拔
  - (丑)行情經濟記者
  - (寅)不動產記者
  - (卯)劇評音樂記者
- (五)特殊記者 special Editors……

（六）寫眞部

（七）藝術部
（繪畫）

（八）參考部
（調査部）

（九）星期部＝附刊
（另有一系）

評論部 The Editorial Dept……Cheaf Editorial Writer……評論記者（若干人）

（辰）社交家庭記者
（巳）文學記者
（午）新刊批評系
（未）遊戲記者
（申）船舶記者
（酉）鐵路記者
（戌）勞働記者
（亥）其他……

第七章　新聞紙之法律問題

第三十節　歐美過去之情形

世界各國新聞紙過去之歷史、乃言論界與政府當局惡戰苦鬬之歷史也。故除美國外、殆皆經過若干壓迫之慘劇、最後之勝利、歸於言論界、始達法律上相當的自由之目的。試以新聞事業發達最早之英國言之、一六六二年、已制定『公刊物認許條例』對於新聞之編輯及發行、加以嚴重之監督、此該國新聞界受政府壓迫之始、其時適當查爾斯第二王政復古以後、恐新聞紙上有反對之批評、乃公布條例、設監督官以監督之、茲舉其一例、可察知當時待遇慘酷之情形遺留英國歷史上以汚點有名 Twyn 之印刷業者擬發行一種小冊子、即加以紊亂朝綱之罪名而被捕、經簡單審理之結果、宣告奇異的凌遲處死之酷刑（某書所述甚詳因其過於殘忍不欲爲之重述）監督官之威風、足使當時新聞界聞而股慄、上述之條例、至查爾斯第二末年、實際已歸於消滅、中經數次復活至一六九五年、始完全廢止、然代之而興者、又有一七一二年之新聞條例實行印花稅與用紙稅廣告稅若干、新聞紙不堪其負擔、惟有出於停版之一途、嗣經多數志士之反對運動、有『智識稅廢止期成會』之設立、一八五〇年以後、始達其目的、此外一七九二年、又有譭謗律之制定公布、其理由則以關於新聞紙之訴訟無法律可據不如以明文規定誹謗之範圍可免新聞記者之動罹刑辟、乃出於保護之意、其條例皆尙簡單也、一七九八年復有『新聞紙法』之明文、其制定公布之理由有曰、

『預防姓氏不明者印刷發行新聞紙之弊害、及『其他』之點均可以此法取締之』

上述新聞紙法之制定、亦係出於彼時君主欲謀自身之便利、故有所謂『其他之點』即可見其曖昧與暴戾、適英法兩國方有戰事、故條文中規定『有以英國新聞紙寄往敵國者、處五百磅之罰金』由以上種種之點觀之、英國當十八世紀之時、固尙有如斯之現象矣。

以新聞紙出世甚早之德國言之、一七四九年五月十一日、始制定所謂『新聞檢閱法』其理由爲防止鄰邦之思想影響於本國、各地方新聞之被壓迫、更甚

於柏林至一八一九年十月十八日、改正新聞檢閱法、乃根據於一七八八年十二月十九日之法規、稍加以改善、然未脫嚴重壓迫之性質、且因是而特設一『高等檢閱局』其條例之要點如左。

第九條　高等檢閱局、對於新聞紙上所公示之署名人、加以察看、而保其信用、出版者不得任意變更署名人、若有變更之必要時、須得大臣之許可、

第十七條　日刊及定期刊行之新聞雜誌、欲揭載宗教政治行政及其他時事問題、須受上列官廳之許可、若以此使用於有害之事時、則可禁止其發行、

上記之嚴重檢閱法、且詳細規定對於如何之政治記事、可以揭載、如何之記事、則不得揭載之界限、其尤荒謬者、在令各新聞社負檢閱之費、致新聞紙不能不增高其價、而檢閱官之睥睨一切、更爲當時新聞界之所難堪、直至一八四八年三月十七日、以法律廢止、新聞檢閱法、而是年十二月五日之憲法、且許言論以

極寬大之自由、然未幾即以一八六一年六月二十九日之法律、課新聞紙以重稅、是蓋出於壓迫反對政府者之政策、故論德國之情形、十九世紀中葉之新聞界、固尚在政府辣腕壓迫之下也

美之立國、根本上較他國爲自由、然一六九〇年初出世之新聞、亦曾被州廳所禁止、且一七八六年三月、尚發布新聞紙印花稅、一時各社皆爲其所苦、其餘如法國等、亦大抵皆同、茲不贅焉、

第三十一節　日本已往之壓迫

再以東方之日本言之、明治以前、無所謂新聞紙法、明治元年、即遭除官報外悉被禁止之厄、復頒布未得官許新聞禁止發行之法令、二年四月、始公布『新聞紙印行條例』當未制定以前、先令舊幕府之開成所(原名洋書調所)爲學校研究各國之新聞紙法而制定之、全文計八條、並有別紙附錄五條、茲介紹其要

點、由今觀之、殊可笑也、

一，各種新聞紙須各有其標題、

二，批准出版後、無庸每號受檢印、惟出版即日以二部納官、

三，各號皆須載出版所、年月日、編輯人、出版者姓名、及各號之號數、

四，凡紀載應銓釋之事件時、編輯人須加以辯解、無辯解者處罰金、

五，一切天變地異物價商法政法（不許妄加批評）軍事（其說錯誤而不改者有責）火災嫁娶生死學藝游宴衣服飲食諸種官報洋書譯文海外雜話、凡事無害者、皆可記載、

六，贈答書牘、或各人所作之文、如雜說等、須註其姓名、（只詩歌作者不詳者不在此例）

七，嚴禁新聞紙中誣告人罪、

八，不許妄說教法、

其別紙附錄五項如下、（詳記開成學校之權限）

一，官板新聞紙、無關於開成學校、

二，各府縣出版之新聞紙、須受府縣裁判所之檢閱、

三，外國人以國字出版者、須報告裁判所、皆依據新條例、不可齟齬、

四，開成學校、專監督東京中出版者、

五，東京出版之新聞紙、有違背條例時、由開成學校報告於東京裁判所、該所即究問出版呈請人、依罪科斷、

此外尙有呈請之書式、以編輯人藏版人連帶責任呈請之、（所謂開成學校者，即東京新聞監督局，其滑稽已甚，）

明治六年、因日新眞事誌新聞發表政府中人財政意見書、又因有爲淫褻之紀載

者、遂以六年十月十九日改正上述之條例、公布『新聞紙條目』十八條、其最要而與當時之事針鋒相對者四條、略述如下。

第十條　誹國體、議國律及主張宣說外法、使國法生妨害者禁、

第十一條　於紀載政事法律妄加批評者禁、

第十三條　動亂衆心誘導淫風者禁、

第十五條　官中之事務、或關於外國交際之事類、雖煩細之件、亦禁止私行揭載、但經公布之文書類由其長官許可之部分、不在此限。

明治八年、民權主義之說興、主張打破長閥及攻擊內閣之空氣、益行濃厚、政府急於明階級之區別、保護華族官吏之威信、以是年六月二十日、公布『新聞條例』十六條(並附則)二十八日、又公布『讒謗律』八條、其壓迫非常嚴重、新聞社之持主編輯人等、限於內國人、記者不許用變名、加記者以體刑及罰金刑、

監禁自數日至三年、罰金自三元至千元以下、

明治十六年、四月、又布峻酷之條例、將上述條例改正、與新聞業以一大打擊、其最可注意者、東京新聞社、須一千元保証金、且印刷機等財產均可以沒收、條文亦非常繁瑣、至明治二十年十二月二十七日、始再將新聞條例改正、比舊法略示緩和、如財產沒收及地方官之停止發行權皆行廢止、定公訴有效期間為六個月、發行新聞紙只須呈報而不須批准、體刑罰金刑亦皆減輕、至公布憲法召集國會、乃由眾議院提改正新聞紙條例之案、發行禁止停止之例主張全廢、以觀我國議員因『京報』登載大選之事竟三十餘人聯名致公函於警廳、非將余立行逮捕不可者、當令余生如何之感想耶？（日本現行『新聞紙法』譯文另錄）

第三十二節　紀載自由之獲得

新聞紙上紀載內外各項新聞、或於事實之外、復加以推究、評論、其自由的範圍之大小、每與政府之壓迫力成反比例、蓋從惡戰苦鬭多次犧牲而逐漸擴張之結果、以歷史所教訓於吾人者觀之、壓迫愈嚴、則反動愈大、最後之勝利必歸於人民、縱欲斬其權不與而不可得、故世界各國新聞紙上紀載之自由所以有如今日之寬大者、乃斯界先哲之逮捕下獄種種犧牲獲得之代價、爲現成而食其賜之後人所不可忘者也、無論歐洲日本、當最初制定條例之時、必加以種種限制、凡政治外交等重大問題、可自由紀載者殆甚少焉、此就政府方面對於新聞紙之限制手段而言者、即如英國之國會與法庭、最初亦與新聞紙不生關係、英國各新聞紙所以能自由紀載國會及法庭之紀事、蓋曾經過艱難之運動而來、在一七三一年以前、該國國會議事之情形、認爲不可使國王知之者、故因襲而成神聖不可侵犯之秘密、因是卽有所謂『旁聽』者、亦不過默許之私的行動、至討論表決時、即早將旁聽人逐出、皇太子亦曾有被逐之事焉、至一七三一年、某報創刊、始以國會紀事揭載於定期刊行物之上、院內有識之議員與院外有力之新聞紙合同運動、漸擴張自由之範圍、得設新聞記者非正式不安全之座位、而仍限之以號數、及至國會新築、新聞紙與一般國民之知識皆已大進、有言論界與立法界應視為並重之觀念、下院因記者座聲音之試驗、遷移特延期二年、行天井之改築、上院則議長席本在幾百年來的王座之下、而因圖新聞記者之便利、竟將議長席遷移其方向、其尤甚者、則例如一九〇二年十二月二日之夜、因新聞記者之未列席、上院議事竟致有延期之事實、國會對於新聞記者待遇之變遷、百年之間、直天淵不足以喻其高下、而自由獲得之不易、豈非可想而知耶?

其次關於法庭之新聞在英國乃始於一八二二年(？) Morning Herald(報名)始

以之爲有興味之紀載、爲該報特受讀者歡迎之點、然屢屢以違反新聞紙法被罰、且受刑事上之處分、該報不爲所屈、仍勇往發揮其特色、七八年間、發行之數增加五倍、其他模仿此事之新聞紙、亦繼續創刊、久之、新聞紙遂得揭載法庭紀事之特權、普及於世界、以此二事例之、其他政治軍事……各種消息所以皆有揭載之自由者、殆莫不有經過之歷史、若以日本前後四五次修改之新聞條例觀之、即可查得其由寬而嚴、由嚴而寬之陳迹、更以我國證之、猶憶民國六年以前、新聞紙上絕少關於政府閣議之秘密紀載、嗣國民黨政學會研究系諸人先後經歷內閣之閣席、余於通信社中每次發表閣議之消息、其初頗引起閣員注意、欲設法加以禁止、彼徐樹錚者、且以孫洪伊洩漏閣議秘密於記者、爲孫氏罪案之一、譖之於合肥、然余數與諸閣員力爭、閣議之秘密、遂自是打破、而成今日新聞紙上每逢星期二四六的當然之紀載、此我國新聞史中較可紀之一事也

第二十三節　我國之報紙條例

歐美各國、政府對言論界壓迫之政策、皆已漸成過去、日本今尚有明治末年所公布之新聞紙法、然壓迫之手段只能以法律為範圍、自較我國為進步、我國在前清時代、已頗注意於新聞、且官吏亦畏忌言論、（因動輒被參劾）故早有所謂『報律』之制定、辛亥革命以後、凡法律之不抵觸民國國體者、皆承認其有效、報律遂依然沿用、至民國三年、四月二日、袁世凱以國務總理孫寶琦內務總長朱啟鈐之副署、公布其『實係命令』性質之所謂『報紙條例』民國四年七月十日、又加修改、以國務卿徐世昌之副署而公布之、此外又有所謂『出版法』者、亦係袁世凱之命令、其中之第十一條所列各款、皆與新聞紙有密切關係、動輒得咎、非常危險、出版法之外、更有『戒嚴法』其第十四條一項『認為與時機有妨害者、得停止出版』黎元洪首次入都、已將報紙條例明令廢止、然以後政府當局仍襲用其精神、而所謂出版法之運用、彼輩尤視爲非常便利、此我國新聞紙法之大概情形也、惟讀者有須注意之點、我國歷來政府之對新聞紙、不得謂爲無時不加嚴重之壓迫、一面新聞之紀載、亦未上於正軌、凡揭發個人陰私、爲歐美各國社會所不許紀載之材料、殆觸目皆是、即如政治外交立法司法諸端、新聞所載、亦毫無規律、政府似熟視而無覩、若一旦遇與政府中人個人利害有關之事、始倒行逆施、妄爲法外之干涉、武人官僚議員政客、莫不皆然、故我國政府及有權力者之對待新聞紙、只問私而不問公、只干涉與彼有關之事、而不干涉與國有關之事、此類現象、無以名之、可名之曰『自私腐敗』、有時過於自由、有時又太不自由、例如關於國務總理某某之事、若載爲總理某姓某名、第二日立生問題、然苟稍加攏統、改爲『國務院』、則即有問題、亦可以輕一層矣、此可見我國官僚只以個人爲本位、無國家機關之觀念、有一類新聞、在我國新聞紙中每坦然登載、恐即在文明國之社會、亦將爲「輿論的輿論」所不許也、此其內容所當公平分別言之者也、然則所謂法者特爲備與彼等有關係時之用而已、豈配言政府之壓迫哉？

茲爲供給學子研究之資料、將袁世凱兩次所公布之「報紙條例」覓錄全文如左、

大總統令

茲制定報紙條例公布之此令

大總統印

中華民國三年四月二日

國務總理孫寶琦

內務總長朱啓鈐

教令第四十三號　報紙條例

第一條　用機械或印版及其他化學材料印刷之文字圖畫以一定名稱繼續發行者均爲報紙

第二條　報紙分左列六種

一　日刊

二　不定期刊

三　週刊

四　旬刊

五　月刊

六　年刊

第三條　發行報紙應由發行人開具左列各款呈請該管警察官署認可

一　名稱

二　體例

三　發行時期

四　發行人編輯人印刷人之姓名年齡籍貫履歷住址

五　發行所印刷所之名稱地址

警察官署認可後給予執照並將發行人原呈及認可理由呈報本管長官彙呈內務部備案

第四條　本國人民年滿三十歲以上無左列情事之一者得充報紙發行人編輯人印刷人

一　國內無住所或居所者

二　精神病者

三　褫奪公權尚未復權者

四　海陸軍軍人

五　行政司法官吏

六　學校學生

第五條　編輯人印刷人不得以一人兼充

第六條　發行人應於警察官署認可後報紙發行二十日前依左列各款規定分別繳納保押費

一　日刊者三百五十元

二　不定期刊者三百元

三　週刊者二百五十元

四　旬刊者二百元

五　月刊者一百五十元

六　年刊者一百元

在京師及其他都會商埠地方發行者加倍繳納保押費

專載學術藝事統計官文書物價報告之報帋得免繳保押費

保押費於禁止發行或自行停版後還付之

第七條　第三條所列各欵於呈請警察官署認可後有變更時應於十日內另行呈請認可

第八條　每號報帋應載明發行人編輯人印刷人之姓名住址

第九條　每號報帋應於發行日遞送該管警察官署存查

第十條　左列各欵報帋不得登載

一　淆亂政體者

二　妨害治安者

三　敗壞風俗者

四　外交軍事之秘密及其他政務經該管官署禁止登載者

五　預審未經公判之案件及訴訟之禁止旁聽者

六　國會及其他官署會議按照法令禁止旁聽者

七　煽動曲庇賛賞救護犯罪人刑事被告人或陷害刑事被告人者

八　攻訐個人陰私損害其名譽者

第十一條　在外國發行之報紙有登載第十條第一款至第三款之事件者不得在國內發賣或散布

第十二條　報紙登載錯悞經本人或關係人開具姓名住址事由請求更正或將更正辯明書請求登載者應於次回或第三回發行之報紙照登

登載更正或更正辯明書其字形大小次序先後須與錯悞原文相同

更正辯明書逾原文二倍者得計所逾字數照該報告白定例收費

更正辯明書有違背法令者不得登載

第十三條　登載錯悞事項由他報鈔襲而來者雖無本人或關係人之請求若經原報更正或登載更正辯明書後應於次回或第三回發行之報紙分別登載但不得收費

第十四條　論說譯著係一種報紙之所創有註明不許轉載者他報不得鈔襲

第十五條　不照第三條第七條之規定呈請認可發行報紙者科發行人二百元以下二十元以上之罰金至呈報之日止停止其發行

第十六條　不具第四條第一項之資格或有第四條第一項各款情事之一充發行人編輯人印刷人者呈報不實者科發行人二百元以下二十元以上之罰金至呈報更正之日止停止其發行

第十七條　不照第六條規定繳納保押費發行報紙者科發行人以一百元以下十元以上之罰金至繳足保押費之日止停止其發行

第十八條　第六條第三項所指各報其登載事件有出於範圍外者科編輯人以五十元以下五元以上之罰金

第十九條　違第八條第九條之規定者科發行人以五十元以下五元以上之罰金

第二十條　發行人於呈請認可領取執照後逾二個月不發行報紙或發行後中止逾二個月而不聲理由者取銷其認可並註銷執照

第二十一條　第十五條至第十九條之罰金及停止發行之處分由該管警察官署判定執行之

罰金處分自該管警察官判定之日起逾十日不繳納者將保押費抵充不足者仍行補繳

保押費已被抵充罰金者該發行人應於接到該管官署命令後十日以內補繳或補足保押費違者至補繳或補足之日止該管警察官署得以命令停止發行

第二十二條　登載第十條第一欵之事件者禁止其發行沒收其報紙及營業器具處發行人編輯人印刷人以四等或五等有期徒刑但印刷人實不知情者免其處罰

第二十三條　登載第十條第二欵至第七欵之事件者停止其發行科發行人編輯人以五等有期徒刑

前項停止發行日刊者停止十日以上一月以下不定期刊週刊旬刊月刊者停止二次以上十次以下年刊者停止一次

第二十四條　登載第十條第八欵之事件經被害人告訴者科編輯人以二百元以下二十元以上之罰金

前項之登載若編輯人係受人囑託者科囑託人以編輯人同等之罰金

前項之囑託有賄賂情事者按照賄賂之數各科十倍以下之罰金並沒收其賄賂

前項賄賂十倍之數不滿二百元者仍各科二百元以下之罰金

第二十五條　違第十一條之規定發賣或散布外國報紙者科發賣人或散布人以二百元以下二十元以上之罰金並沒收其報紙

第二十六條　違第十二條第一項第二項或第十三條之規定經被告人告訴者科編輯人以五十元以下五元以上之罰金

第二十七條　違第十四條之規定鈔襲他報之論說譯著經被害人告訴者科編輯人以五十元以下五元以上之罰金

第二十八條　第二十二條至第二十七條之處罰由司法官署審判執行之

第二十九條　報紙內撰登論說記事塡註名號者其責任與編輯人同

第三十條　本條例施行前所發行之報紙應按照本條例第三條之規定補行呈請該管警察官署認可並按照第六條之規定補繳保押費

第三十一條　本條例施行前所發行之報紙其發行人有本條例第四條情事之一者由該管警察官署禁止其發行

編輯人印刷人有本條例第四條情事之一者由發行人另行聘雇呈請該管警察官署認可違反一項規定者至另行聘雇呈請認可之日止由該管警察官署停止其發行

第三十二條　應受本條例各條之處罰者不適用刑律自首減輕再犯加重數罪俱發之規定

第三十三條　關於本條例之公訴期限以六個月爲斷

第三十四條　本條例所定屬於警察官署權限之事項其未設警察官署地方以縣知事處理之

第三十五條　本條例自公布日施行

大總統申令

茲制定修正報紙條例公布之此令

大總統印

中華民國四年七月十日

國務卿徐世昌

第二次報紙條例

內務部遵照中華民國三年四月二日教令第四十三號公布之報紙條例及中華民國四年七月十日教令第二十九號修正各條刊謄

第一條　用機械或印版及其他化學材料印刷之文字圖畫以一定名稱繼續發行者均爲報紙

第二條

一日刊　二不定期刊　三週刊　四旬刊　五月刊　六年刊

第三條　發行報紙應由發行人開具左列各款禀請該管警察官署認可

一名稱　二體例　三發行時期　四發行人編輯人印刷人之姓名年齡籍貫履歷住址

五發行所印刷所之名稱地址

警察官署認可後給予執照並將發行人原禀及認可理由詳報本管長官彙報內務部備案

第四條　本國人民年滿三十歲以上無左列情事之一者得充報紙發行人編輯人印刷人

一國內無住所或居所者　二精神病者　三褫奪公權尚未復權者　四海陸軍軍人

行政司法官吏　六學校學生

第五條　編輯人印刷人不得以一人兼充

第六條　發行人應於警察官署認可後報紙發行二十日前依左列各款規定分別繳納保押費

一日刊者三百五十元　二不定期刊者三百元　三週刊者二百五十元　四旬刊者二百元

五月刊者一百五十元　　六年刊者一百元

在京師及其他都會商埠地方發行者加倍繳納保押費

專載學術藝事統計官文書物價報告之報紙得免繳保押費

保押費於禁止發行或自行停版後還付之

第七條　第三條所列各款於稟請警察官署認可後有變更時應於十日內另行稟請認可

第八條　每號報紙應載明發行人編輯人印刷人之姓名住址

第九條　每號報紙應於發行日遞送該管警察官署存查

第十條　左列各款報紙不得登載

一淆亂政體者　　二妨害治安者　　三敗壞風俗者　　四外交軍事之秘密　　五各項政務由該管官署禁止登載者　　六預審未經公判之案件及訴訟之禁止旁聽者　　七國會及其他官署會議按照法令禁止旁聽者　　八煽動曲庇贊賞救獲犯罪人刑事被告人或陷害刑事被告人者　　九攻訐他人陰私損害其名譽者

第十一條　在外國發行之報紙有登載第十條第一款至第三款之事件者不得在國內發賣或散布

第十二條　報紙登載錯誤經本人或關係人開具姓名住址事由請求更正或將更正辯明書請求登載者應於次回或第三回發行之報紙照登

登載更正或更正辯明書其字形大小次序先後須與錯誤原文相同

更正辯明書逾原文二倍者得計所逾字數照該報告白定例收費

更正辯明書有違背法令者不得登載

第十三條　登載錯誤事項由他報鈔襲而來者雖無本人或關係人之請求若經原報更正或登載更正辯明書後應於次回或第三回發行之報紙分別登載但不得收費

第十四條　論說評著係一種報紙之所創有註明不許轉載者他報不得鈔襲

第十五條　不照第三條第七條之規定禀請認可發行報紙者科發行人二百元以下二十元以上之罰金至禀報之日止停止其發行

禀報不實者科發行人二百元以下二十元以上之罰金至禀報更正之日止停止其發行

第十六條　不具第四條第一項之資格或有第四條第一項各款情事之一充發行人編輯人印刷人者科發行人以一百元以下十元以上之罰金其編輯人印刷人詐稱相同

第十七條　不照第六條規定繳納保押費發行報紙者科發行人以一百元以下十元以上之罰金至繳足保押費之日止停止其發行

第十八條　第六條第三項所指各報其登載事件有出於範圍外者科編輯人以五十元以下五元以下之罰金

第十九條　違第八條第九條之規定者科發行人以五十元以下五元以上之罰金

第二十條　發行人於禀請認可領取執照後逾二個月不發行報紙或發行後中止逾二個月而不聲明理由者取銷其認可並註銷執照

第二十一條　登載第十條第一款之事件者禁止其發行沒收其報紙及營業器具處發行人編輯人印刷人以四等或五等有期徒刑但印刷人實不知情者免其處罰

警察官署因維持治安之必要對於前項之報紙得停止其發行

第二十二條　登載第十條第二款至第八款之事件者停止其發行科發行人編輯人以五等有期徒刑

前項停止發行日刊者停止十日以上一月以下不定期刊週刊旬刊月刊者停止二次以上十次以下年刊者停止一次

警察官署因維持治安之必要對于第一項之報紙得先命其停止發行

第二十三條　登載第十條第九款之事件經被害人告訴者科編輯人以二百元以下二十元以上之罰金

前項之登載若編輯人係受人囑託者科囑託人以編輯人同等之罰金

前項之囑託有賄賂情事者按照賄賂之數各科十倍以下之罰金並沒收其賄賂

第二十四條　違第十一條之規定發賣或散布外國報紙者科發賣人或散布人以二百元以下二十元以上之罰金并沒收其報紙

第二十五條　違第十二條第一項第二項或第十三條之規定經被告人告訴者科編輯人以五十元以下五元以上之罰金

第二十六條　違第十四條之規定鈔襲他報之論說譯著經被害人告訴者科編輯人以五十元以下五元以上之罰金

第二十七條　報紙內撰登論說記事塡註名號及譯著或轉載者其責任與編輯人同

第二十八條　本條例施行前所發行之報紙應按照本條例第三條之規定呈請該管警察官署認可並

按照第六條之規定補繳保押費

第二十九條　本條例施行前所發行之報紙其發行人有本條例第四條情事之一者由該管警察官署諭止其發行編輯人印刷人有本條例第四條情事之一者由發行人另行聘雇稟請該管警察官署認可

違反前項規定者至另行聘雇稟請認可之日止由該管警察官署停止其發行

第三十條　違犯本條例者依違警罰法第三條之規定第二十一條第一項第二十二條第一項之處罰由法院審判其他各條之處罰由該警察官署即決並執行之

罰金處分自該管警察官署即決之日起逾十日不繳納者將保押費抵充不足者仍行補繳

保押費已被抵充罰金者該發行人應於接到該管官署命令後十日以內補繳或補足保押費違者至補繳或補足之日止該管警察官署得以命令停止發行

第三十一條　應受本條例各條之處罰者不適用刑律自首減輕再犯加重數罪俱發之規定

第三十二條　關于本條例之公訴期限以六個月爲斷

第三十三條　本條例所定屬於警察官署權限之事項其未設警察官署地方以縣知事處理之

第五十四條 本條例自公布日施行

第三十四節 日本新聞紙法與判例

日本現行之新聞紙法、係於明治四十二年五月六日、以法律第四十一號公布之者、其勅令為『朕經帝國議會之協贊裁可新聞紙法茲公布之』本節即直譯該法條之全文、且每條之下附有一二判決例、（凡小字低二格者皆判決例、其末附之數字、如第一條末之四四—五二、乃明治四十四年判決例五十二頁之縮寫、餘可類推）可以供研究新聞紙法者之參考、其中解釋、亦日本學者之口吻、至余對此之意見、則以為時至二十世紀、尚有加新聞記者以體刑之規定、雖欲謂為非專制惡法而不可得矣、詳細之批評、請俟異日焉

日本『新聞紙法』

第一條 本法律所稱之新聞紙、係指用一定名稱、定期發行、或在六個月之期間內不定時期而發行之著作物、及同一名稱之臨時發行著作物而言、

同一名稱之新聞紙在他處發行之時、則視爲另一種之新聞紙、

「新聞紙法所稱之著作物、非僅指著者發表思想之著述而言、且包括時事及其他之記載」四

四十五二

第二條　左列各項人等、不得爲新聞紙之發行人、或編輯人、

一、非居住施行本法之帝國領土內者、

二、陸海軍軍人之爲現役或在召集中者

三、未成年者、禁治產者、或準禁治產者、

四、現受徒刑或監禁者、或執行猶豫者、

第三條　印刷所不得設於施行本法之帝國領土之外、

第四條　新聞紙之發行人、須將左列事項、呈報內務大臣、

一、名稱

二、記載事項之種類

三、記載時事事項之有無

四、發行時期、若不定時期、須於此項注明、

五、第一回發行之年月日、

六、發行所及印刷所、

七、館主之姓名、若爲法人、則塡寫其名稱及代表之姓名、

八、發行人、編輯人、及印刷人之姓名年歲、

但編輯人在二人以上時、塡寫編輯主任之名姓年齡、

前項呈報、須由館主或其法定代理人署名、在第一次發行十日以前、送呈該管地方官廳、

第五條 前條第一項第一欵及第三欵之事項、若有變更時、須於實行日之廿

日以前呈報內務大臣第四欵及六欵事項、或館主、編輯人、印刷人、若有變更時、須在變更前或變更後七日以內依前條之手續由發行人呈報內務大臣、但館主變更之呈報、除亡故外、須新舊館主或其法定代理人署名、

第六條　發行人亡故、或因第二條所列事故、其權利及義務須由人承繼之時、其承繼人須在實行後七日以內履行前條之手續、

第七條　凡新聞紙自其呈報之發行時期、及發行休止之日起算、百日間有三回發行之期間者、若已逾百日經過三回之發行期間、未發行一次、認爲業經停止發行者、

第八條　凡遇發行人編輯人亡故或發生第二條所揭事項時、在後任發行人或編輯人未定以前、若無臨時發行人或臨時編輯人、不得發行新聞紙、又發行人或編輯人、在一個月以上旅行於施行本法之帝國領土以外時亦準

此。

關於發行人及編輯人之規定並適用於臨時發行人、及臨時編輯人、

第九條　本法關於編輯人責任之規定適用於左揭各項之人、

一，編輯人以外担任實際編輯之人、

二，署名於揭載事項之人、

三，關於更正書辯駁書請求揭載之人、

「二人共謀發行新聞紙、並不按照規定呈報且未繳納保證金即行印刷分派時、縱令二人並未一同發表其發行兼編輯人之名義、僅發表一人之名義、其行為仍為共謀之行為、均不得免其責任」四四－一〇三五

「新聞紙之編輯人與發行人、各有不同之資格、因是兼管編輯事務、及發行事務之人、違反新聞紙條例第二十三條禁令之時、應一面為編輯人一面為發行人而併科其罪」三八－九七六

「新聞紙之編輯人與發行人、其法律上之責任互異、其資格亦各不同，故兼管編輯事務及發行

事務之人、違反新聞紙條例之時、應一面爲編輯人、一面爲發行人而負担責任」四一ー一〇六

九

「北海新聞、經法庭禁止發行之後、其編輯人即發行一種北海之新聞紙、此兩種新聞紙、究竟是否同一新聞紙、應由法庭用職權定之、屬於事實問題之範圍」四四ー一四二九

第十條　新聞紙須揭發行人編輯人印刷人之姓名、及發行所、

第十一條　新聞紙發行之時、須呈送內務省兩份、管轄地方官廳、地方審判廳、檢察廳、區審判廳、檢察廳各一份、

第十二條　揭載時事之新聞紙、非繳納左列之保證金額於管轄地方官廳、則不得發行、

一，在東京市大阪市及市外三里以內之地、須繳納二千元、

二，在人口七萬以上之市區或市區外一里以內之地發行須繳一千元、

三，在其他地方發行、須繳五百元、

一個月發行三回以下者、只繳前項金額之半額、

凡命令所定之各種有價證券、均得作爲保證金、

「法人之公司不得爲新聞紙之印刷人或發行人、故公司之法定代理人即業務執行者、違反新聞紙法第十二條而發行新聞紙時、應視爲業務執行者一己之行爲處罰之」四四—五二

第十三條　對於保證金之權利義務、於發行人變更時、由後任發行人承繼之、

第十四條　保證金非遇停止發行之時、不得請求發還、亦不得爲債權之讓與、但適用國稅徵收法、或準用該法之法令、或對於名譽犯罪執行損害賠償之判決時、不在此限、

第十五條　新聞紙之發行人或編輯人、受罰金或刑事訴訟費用之判決時、自判決確定之日起、倘十日以內不能照繳時、應由檢察官將其保證金之全部或

一部充作上項費用、

第十六條　保證金發生欠缺時、非經塡補、不得發行新聞紙、但自發生欠缺日起七日以內、不在此限、

第十七條　新聞紙揭載事項有錯誤時、倘與該事項有關之本人或直接關係者請求更正或揭載正誤書辯駁書、須在接收請求後次回或第三回發行之時實行更正、或揭載正誤書辯駁書之全文、

正誤書辯駁書須用與原文同號之鉛字、

正誤辯駁之趣旨違反法令時、或並未記明請求人之姓名住址時、無須代爲揭載、

正誤書辯駁書之字數、超過原文之字數時、發行人得按超過字數照收普通廣告費，

『新聞紙條例第十三條末項之規定、其趣旨在明要求更正者之爲何人、因是如請求書中雖未明記姓名、已足知其究係何人者、仍爲有効之請求』三六—二七八

『新聞紙條例關於請求正誤書之樣式、並無規定、故用電報請求更正、亦爲有効』三六—二七八

第十八條　凡抄錄官報或某種新聞紙之事項、業經官報或該新聞紙正誤、或已揭載正誤書辯駁書時、雖無本人或直接關係者之請求、仍須依照前條之例、爲正誤或揭載正誤書辯駁書、並不得要求費用、

『關於新聞紙所載事項之錯誤、一經新聞紙法第十七條第一項所規定之人請求正誤或請求揭載正誤書辯駁書、須在接到此項請求後次回或第三回發行之新聞紙上、將其正誤書辯駁書之記事完全揭載、故次回或第三回發行時始行開始揭載、不能認爲已足』四五—八〇三

第十九條　新聞紙對於豫審之內容、其他檢察官所停止之搜查或豫審中之被告事項、以及停止公開之訴訟之辯論、在未經公判以前、不得有所記載、

『新聞紙法第十九條所稱豫審之內容、係指豫審中被告事件之事實、及豫審推事對於該事件所爲之處分而言、關於豫審中之被告事件之事項、雖非豫審之內容、然係汎稱關係被告事件之一切事件者、』四三－一〇五

『新聞法第十九條之停止命令中所稱證人參考人、不僅指業經法庭認爲證人或參考人票傳之人而言、即未經票傳而對於該刑事事件有可爲證人或參考人之關係者、亦包括在內、』四三－一一六一

『按新聞紙條例第十六條及第十九條之法意、則關於被告事件內容之事項、不論其是否已由豫審推事加以調查或處分、倘其性質上爲一種足成豫審內容之事項、均不得揭載於新聞紙上、』四三－一二四三

『違反本條禁止揭載事項揭載之於新聞紙上時、檢察官得向無論何人發禁止之通知、雖無明文可據、然新聞紙之發行、既爲發行人之行爲、新聞紙揭載事項之種類、關於時事事項之有無編輯人之姓名年歲及編輯人之變更等、既由發行人呈報、則該項禁止當然因通知發行人（或代理人）而生其效力、』四四－一三七三

『新聞紙之發行、既爲發行人之所爲、則關於搜查中或豫審中之被告事件之揭載發行、經檢察官通達其禁止於發行人或代理人而生其效力、』四三—八三六

『因通知方法法律上無特別規定、故檢察官得依任何方法爲之、即徑由警察官通知之、亦不爲違法、』四四—一三七三

『編輯人不顧檢察官合法之禁止、仍揭載之於新聞紙上、則不問編輯人之認識其禁止與否、構成本法十九條三十六條之犯罪、』四四—一三七三

『非編輯人而實際擔任編輯揭載檢察官業經禁止之事項、亦當與編輯人同一論罪、』四四—一三七三

『苟受訴審判廳業經認爲有妨害安寧秩序或風俗之危險者、而停止審判之公開、則不惟其辨論之內容、即關於辨論進行中一切事項、亦不得揭載之於新聞紙上、即受訴審判廳以外之意見、是否認爲有上述之危險、亦不因此左右停止公開之效力、』四四—一三七三

『本法第十九條、既爲以排除搜查上之障礙爲目的之取締法規、故苟其行爲既與該目的有抵觸之虞、即明明無實害發生、尙以之爲宜受處罰者、』二一—七四一

『檢察官既認爲必要以命令禁止新聞紙上某事項之揭載、除別有期限條件外、爲該官吏倘未取消其禁止以前、則該命令之效力依然存在、即事實上爲搜查目的之犯人死亡與否、毫不影響於其效力、』二—一四三七

『凡新聞紙所記載之事項、苟有關於豫審中秘密之手續者、即使其記載與實際之手續不無差異、或藉口於道路之傳聞、亦不得免新聞紙條例第十六條之制裁、』二五—五六六

『新聞紙條例第十七條載抵觸刑律之犯罪人云者、凡業經抵觸刑律、即不問其刑之執行與否、或其人業已死亡與否、一切包含之、』二九—七六八

『新聞紙條例第十六條第一項、載關於豫審之事項云者、指屬於豫審中被告事件之內容之事項而言、從而就其業經顯著之加害人或被害人之姓名、及殺害前後之模樣、新聞紙上別以其所聞知之事實揭載之、與上述條項不生抵觸、』三三—六六三

『關於禁止傍聽之訴訟事項不得揭載（新聞紙條例十六條二項）云者、指關於傍聽禁止中被告事件之訊問辨論等之內容而言、故禁止其傍聽前、或解除禁止後之事項、不禁止其揭載、』一二五—一二六三

『秘密而不公開之官文書、僅認爲証據提出於審判廳之法庭、雖其証據業已調查、然苟審判廳未公行審判以公開其文書之目的、尚有保持秘密之必要者、則該官廳有秘密之之責任、故非經該官廳之許可、不得擅自揭載之於新聞紙』二八—四一七

『新聞紙條例十六條一項、關於豫審之事項云者、謂關於豫審繫屬中之被告事件之內容之事項也』四二—一〇〇八

第二十條　凡官廳公署或以法令組織之議會、所不公開之文書、或不公開之議會錄、新聞紙不得未經許可而揭載、請願書或訴願書之未被公開者、亦同、

『衆議院委員會所秘密之事項、法律上禁止議員以外之人傍聽者、苟新聞紙上揭載其會議事項之所爲、構成新聞紙條例十八條二項之犯罪、』三六—九〇七

第二十一條　凡煽動或曲庇犯罪、或賞恤救護犯罪人、刑事被告人、及陷害刑事被告之事項、新聞紙均不得揭載之、

『新聞紙上有以加重大危害於人之身體財產爲目的、而煽動公衆者、雖可爲新聞紙法四十一條紊亂安寧秩序之事項、然如摘發他人之惡事醜行、辱罵之、而聳恿官廳之逮捕者、雖或有構成

他種犯罪之可能、然不得謂其揭載妨害安寧秩序之記事、故不受新聞紙法之制裁、』

『新聞紙法第二十一條、所謂救護云者、不問其爲事實或爲法律上之意見、凡以文章救護犯罪人或刑事被告人之行爲、悉包含之、』

『新聞紙條例第十七號第二項之犯罪、因以救護或賞恤被告或受刑人爲目的之文章揭載於新聞紙上而成立、若編輯人自身爲被告人以其文章救護自己者、於其犯罪之成立、無何等之影響、』

『新聞紙條例十七條二項所謂救護者、不僅指銀錢物品而言、即如以文章庇護被告人或受刑人之行爲亦包含之、』

『違反新聞紙條例十七條二項之犯罪、因明知爲救護或賞恤被告人或受刑人所爲之文章揭載之於新聞紙上而成立、其有無救護被告人或受刑人之意思、於其犯罪之成否不發生何等關係、』

第二十二條　不爲第四條至第六條之呈報、或雖呈報而不實、或應行繳納塡補保證金而不繳納塡補、發行新聞紙者、在正式呈報或繳納塡補保證金以

前、該管轄地方官廳應禁止該新聞紙之發行、

第二十三條　新聞紙揭載之事項、內務大臣有認爲紊亂安寧秩序或妨害風俗者、得禁止其發賣及頒布、有必要時、並得扣押之、

內務大臣得禁止揭載與前項同一主旨之事項

『新聞紙上有揭載對於經過適法手續所宣告之審判、隱諷其爲不法、因此等不法審判所受之處罰爲全社會所憤恨、則當然對於受刑人大表同情之記事者、卽合於新聞紙條例所記載壞亂秩序之事項』

『新聞紙條例第二十三條第二項之規定、爲使該被告將來永遠不發行同一名稱之新聞紙、故一時雖有廢止其發行之事實、然欲使其將來不再發行、不妨適用該條項而禁止之』

『新聞紙上有揭載題爲「熟語辭典及檢察官旅行實鑑」使讀者懷疑司法權之尊嚴、侮慢司

法權之作用之事項者、構成新聞紙條例第三十三條之犯罪、』

『新聞紙上有揭載題爲「市有不可論」以刺客之行動爲對於惡政之有効之制裁、隱示賞賛有鼓吹公衆傾向危險精神之文詞者、即合於新聞紙條例所謂記載壞亂社會秩序之事項、』

『被告所記載於新聞雜誌之事實危害風俗與否、屬於法律上之問題、』

『新聞紙揭載之記事、苟有壞亂社會秩序或風俗者、不問其揭載之目的如何、應受新聞紙條例第三十三條之制裁、而發行人編輯人是否認識其記事爲壞亂社會秩序或風俗之事項、則於犯罪之成立無何等之關係、』

『新聞紙上揭載題爲「日本社會大黨」破壞關於社會組織之所有權制度、且鼓吹暴動的同盟罷工之記事者、即合於新聞紙條例所謂記載壞亂社會秩序之事項、』

『新聞紙上揭載題爲「告新兵諸君」曰軍隊非保護國家之獨立、實爲破壞國家者、諸君因喪失自由之批評、遂爲專制君主之爪牙、化爲個人之利器、勸諸君勿緘口而爲犧牲、勿爲可慘之奴隸、宜速與好殺者爲斷絕之宣告、而保護諸君自身之生命云云者、構成新聞紙條例第三十三號之犯罪、』

『新聞紙上題爲「貧富之戰爭」曰政府軍隊警察等現行統治機關、對於貧民無何等保護、貧民須自起而對抗富者云云此等從恿之所爲、構成明治二十年勅令第七十五號新聞紙條例第三十三條之犯罪、

『新聞紙條例第三十三條凡新聞紙記載壞亂社會之秩序或風俗之事項者、當使記名於其紙上之發行人編輯人負其責任、從而該發行人或編輯人、不得藉口於發行當時之不在而免其責罰、』

『新聞紙條例第三十三條所謂壞亂社會秩序之事項者、不問其爲論說爲雜報、凡可使秩序壞亂之一切事實、悉包含之、』

『或謂民主主義、或謂撤廢階級制度、或謂公平分配財產、皆爲破壞現行制度之甚者、有依此等理想組織政黨集合同志者、即爲危害社會之秩序、從而揭載此等事項於新聞紙之所爲、構成新聞紙條例第三十三條之犯罪、』

『新聞紙揭載猥褻之記事、使世人見之起羞惡之情者、即爲記載壞亂風俗之事項、』

第二十四條　內務大臣對於外國或不施行本法之帝國領土所發行之新聞

紙揭載之事項、認爲有紊亂安寧秩序或害風俗者、得於其本法施行之地域內禁止發賣頒布、有必要時、并得扣押之、

對於新聞紙一年內爲二回以上前項之處分者、內務大臣得禁止其新聞紙輸入或移入於本法施行之地域內、

第二十五條　違反前條第二項禁止之命令而輸入或移入之新聞紙、及違反第四十三條禁止之裁判而以發賣頒布之目的印刷之新聞紙、管轄地方官廳得扣押之、

第二十六條　依本法扣押之新聞紙、二年以上其扣押未經解除者、履行扣押之行政官廳得處分之、

第二十七條　陸軍大臣外務大臣、對於新聞紙、得以命令禁止或限制關於軍事或外交事項之揭載、

第二十八條　違反第二條者、處以三月以下之懲役五十元以下以罰金、

第二十九條　違反第三條者、處以三百元以下之罰金、

第三十條　不爲第四條至第六條之呈報、或呈報不以實、或爲違反第四條第一項第一號第四號至第六號呈報事項之行爲、或違反第十一條時、處發行人以百元以下之罰金、

第三十一條　爲違反第四條第一項第二項、及第三項呈報之事項者、處發行人及編輯人以百元以下之罰金或科料、

第三十二條　違反第八條第一項時遇發行人亡故、且違反第二條所揭事項時、處實際發行者以百元以下之罰金或科料、此外則處發行人以同額之罰金或科料、

第三十三條　違反第十條、且揭載不以實者、處發行人編輯人以百元以下之

罰金或科料、

第三十四條　違反第十二條第二項、又第十六條、或違反因第十二條而差止之命令時、處發行人以三百元以下之罰金、

第三十五條　違反第十七條第一項、第二項、又第十八條者、處編輯人以五十元以下之罰金或科料、

前項之罪、關係私事者、待告訴論之、

第三十六條　違反第十九條、第二十條時、處編輯人以五百元以下之罰金、

「新聞紙法第三十六條之犯罪、因新聞紙之編輯人違反該法第十九條、將公判前檢察官禁止記載關於搜查或豫審中被告事件之事項、揭載發行於新聞紙而成立、其後揭載禁止之解除、阻礙該罪之成立、又公訴權不因此消滅、」

第三十七條　違反第二十一條時、處編輯人以三月以下之禁錮、又二百元以下之罰金、

第三十八條　違反第二十三條之禁止或禁制之命令、第二十四條禁止之命令、第四十三條禁止之審判時、處發行人編輯人以六個月以下之禁錮、三百元以下之罰金、知情發賣或頒布其新聞紙者、處以二百元以下之罰金、

第三十九條　妨害第二十三條第一項第二十四條第一項第二十五條之扣押處分之執行者、處以六個月以下之禁錮、又三百元以下之罰金、

第四十條　違反第二十七條之禁止、或制限之命令時、處發行人編輯人以二年以下之禁錮、又三百元以下之罰金、

第四十一條　揭載紊亂安寧秩序、或妨害風俗之事項於新聞紙者、處發行人編輯人以六個月以下之禁錮、二百元以下之罰金、

「新聞紙法第四十一條、除明白表示妨害安寧秩序之事項外、由其言語文章、可得推知其言外含有可害安寧秩序之意者、亦包含之」

「新聞紙揭載之事項、既爲紊亂安寧秩序者、不必問其揭載之目的如何、其自體業已發生危害、

即使從他新聞紙轉載而來、且以其新聞紙爲評論詰責之目的者、亦不得免其責任。」

「新聞紙上揭載某記事中雖僅有一部分爲壞亂風俗事項之記載時、直構成新聞紙法第四十一條之犯罪、」

第四十二條　新聞紙上揭載欲冒瀆皇室之尊嚴、改變政體、紊亂朝憲之事項者、處發行人編輯人印刷人以二年以下之禁錮及三百元以下之罰金

「苟揭載關於皇室之事實於新聞紙、妄逞淫猥之言辭、加以不敬之評語者、即其記事僅爲歷史上之事蹟、得自史傳之記錄者、亦不得免新聞紙法第四十二條之制裁」四四一一七一

「凡欲冒瀆皇室尊嚴之事項、揭載發行之於新聞之所爲、爲違反新聞紙法第四十二條之既遂罪、從而本罪之成立、不必要揭載業已冒瀆皇室尊嚴之事項於新聞紙者」四四一一八一

「新聞紙法第四十二條上段之犯罪、因明知其爲違反皇室尊嚴之嫌疑之事項、揭載發行之於新聞紙而成立、該犯人有無冒瀆皇室尊嚴之意思、則不問之」

「新聞紙上陽似爲紳士閥乃至社會主義同一公平建議、陰實同情於社會主義之記事、卽爲應

惡國民破壞現時國家組織、否認國家統治權主體之存在、合於新聞紙法第四十二條所謂揭載欲紊亂朝憲之事項於新聞紙者、「四四―六四六

第四十三條　依第四十條至四十二條所處罰者、審判廳得禁止其新聞紙之發行、

第四十四條　本法所定之犯罪、不適用刑法併合罪之規定、

「新聞紙法第四十四條、既爲對於同一被告之併合罪、則以一人兼發行人編輯人兩資格而被處罰者、亦作爲犯數罪而受該法條之適用、「四四―一三三四

第四十九條　新聞紙揭載事項、若提起對於名譽罪之公訴時、除關涉私人行爲外、若審判廳認爲非由惡意純爲公益者、得許被告人証明事實、若其証明確實、則其行爲不罰之、且免其關聯於公訴之損害賠償的義務

「新聞紙條例第二十五條所謂誹毀之罪或誹毀之訴者、指刑法第三百五十八條之誹毀罪或對於誹毀之訴而言、從而官吏侮辱罪或對於該罪之訴雖其

傳聞之內容係對於官吏組織誹毀、然不合於同條之所謂誹毀罪又誹毀之訴

一

『依新聞紙法第四十五條、爲不得確實証明其事實、作爲名譽毀損罪而處罰時、就其証明之不得確實者、判例文上無特別說明之必要、』二一一三〇八

△附　則

新聞紙條例廢止之、

本法施行前發行之新聞、因本法規定保証金生缺額時、自本法施行之日三年內猶豫其塡補、

第二十六條之規定、本法施行前所扣押之新聞紙準用之、

『違犯新聞紙條例者、不用再犯加重例、』三二一一一七九

『新聞紙條例違反罪、與其他犯罪俱發時、其他犯罪不問是否爲刑法上之犯罪、不適用刑法之數罪俱發例、』三三一五七〇

『新聞紙條例、違犯事件、若對於被告併科罰金者、不可不適用同條及第三十五條、』四〇—七三六

『新聞紙條例、雖因刑法及刑法施行法之實施、變更其主刑之刑名、然就同條例第三十三條之違犯事件、言、以其刑期金額不變更、故不適用刑法第六條、』四二—八〇

『新聞紙條例第二十五條所謂私行者、各人以其個人資格行動上所爲之一切之行爲也、其行爲之構成犯罪與否、又其行爲關係他人之利害與否、則不問之、』三六—一〇〇〇

『新聞紙條例第二十五條、不得適用官吏侮辱事件、』三四—一三四

(附)前清時代之欽定報律

△亦脫胎於日本報紙法者

袁世凱時代之兩次報紙條例、係沿襲前清光緒三十四年二月十二日所公布、及宣統二年修改之「報律」者、茲將前清宣統二年關於此案之上諭、奏摺、及報律修正全文、覓錄如左、

宣統二年十二月二十九日、軍機大臣欽奉

諭旨、資政院奏、議決修正報律、繕單呈覽、請旨裁奪一摺、又據軍機大臣會同民政部奏、覆議報律第十二

俾施行窒礙、照章分別具奏一摺、報律第十二條之其他政治上秘密事件、著改爲其他政務字樣、餘

依議、欽此、

資政院奏議決修正報律、繕單呈覽、請 旨裁奪摺云、 奏爲議決修正報律條文、遵章分別奏陳、

恭摺仰祈

聖鑒事、竊查資政院章程第十五條內載、前條所列第一至第四各款議案、應由軍機大臣或各部行政大

臣先期擬定具奏、請

旨於開會時交議等語、憲政編查館覆覈民政部酌擬修正報律一案、於本年（宣統二年）八月二十三日

具奏、請交臣院議決、奏請

欽定頒行、旋由軍機處遵

旨發出憲政編查館原奏及清單各一件、臣院照章將前項修正報律一案、列入議事日表、初讀之際、憲政

編查館暨民政部皆經派員說明該案主旨、當付法典股員會審查、該股員會一再討論、提出修正案、

於再讀之時、將原案與修正之案、由到會議員逐條會議、並經館部派員就該案主旨、屢行發議、反覆

辯論、迨於三讀之時、即以再讀之議決案爲議案、多數議員意見相同、當場議決、查此項修正報律、民

政部會奏草案原係改訂四十一條、另輯附條四條、經憲政編查館於文義未協之處逐條釐正、定爲律文四十條、別爲附條五條、現在修正議決核與民政部原擬草案意義字句互有增損、都凡三十八條、又附條四條、査照院章、即由臣院主稿咨請軍機大臣及民政部會同具奏、旋准軍機大臣咨稱、該律第十一條第十二條確有與現行法律抵觸並施行窒礙之處、仍行提出修正案、並聲敘原委事由、送交覆議等因、到院續由臣院開會將該律修正之處逐條議決、除第十一條與軍機大臣修正之處並無異議外、其第十二條軍機大臣修正原文爲『外交陸海軍事件及其他政務經該管官署禁止登載者報紙不得登載』、而臣院議決此條將政務二字改爲政治上秘密事件、故與原文略有不同、復准軍機大臣覆稱、揆之事理仍多未便、惟有分別具奏等因、前來查院章第十八條載資政院於軍機大臣咨送覆議事件若仍執前議、應由總裁副總裁及軍機大臣分別具奏各陳所見等語、是此項報律第十二條、既經軍機大臣聲敘原委事由、咨送覆議、臣院第二次議決、所見仍復有殊、自應登入

前次議決各條、繕具清單、遵章分別具奏、恭候

聖裁、一俟

命下、再由民政部通行各省一體遵照辦理、所有議決修正報律條文分別奏陳各緣由、理合繕摺具陳、伏

乞

皇上聖鑒訓示謹

奏宣統二年十二月二十九日奉

旨已錄、（見前）

軍機大臣會奏資政院覆議報律第十二條施行窒礙照章分別具奏摺云、

奏爲資政院覆議報律第十二條施行窒礙、謹遵院章分別具奏恭摺仰祈聖鑒事、竊臣等於宣統二年

八月二十三日議覆民政部修正報律案、請

旨交資政院議決一摺、欽奉

諭旨、著依議、欽此、遵將修正報律案及理由書咨送資政院、切論並派員隨時到會發議、嗣經議決咨請會

奏前來、臣等覆查該院修正頗多、就中關於第十一條登載損害他人名譽之語、第十二條登載外交

陸海軍及政治上秘密事件二條、臣等以爲關係人民權利及國家政務者甚大、該院議決案實與現

行法律抵觸、並有施行窒礙之處、未便遽以爲然、當卽遵照資政院院章第十七條酌加修正、將第十

一條規定爲損害他人名譽之語、報紙不得登載、但專爲公益不涉陰私者、不在此限、第十二條規定

爲外交陸海軍事件及其他政務經該管官署禁止登載者、報紙不得登載等語、咨送覆議去後、茲據覆稱、第十一條已照提出修正條文議決、而第十二條未得贊成改爲外交陸海軍事件及其他政治上秘密事件經該管官署禁止登載者報紙不得登載、咨請會奏前來、臣等查漏洩機密懲罰宜嚴、現行刑律載者漏洩機密重事於人絞、新刑律分則第五章於漏洩機務罪各有專條、如第一百二十九條、凡漏洩中國內治外交應秘密之政務者處二等至五等有期徒刑各等語、謂之機密重事即不限於外交軍事、謂之內政即包括其他政務、此項漏洩機務之罪、按以新刑律法例第二條之規定、雖外國人有犯均應同一科罰、亦不問其曾否經由該管官署禁止、誠以政務之秘密、爲國家安危所繫、故中外刑律均嚴定科條、所以預防機務之漏洩、與外交軍事同一重視、並無軒輊於其間也、至修正報律第十二條所稱外交陸海軍事件及其他政務、悉指通常關係外交陸海軍事件及其他通常政務而言、官署認爲必要、始得從而禁止其登載、若事涉機密、當然不得登載、本毋庸再由官署禁止、蓋以報律雖爲單行法律、究不能過侵刑律之範圍、若輒以言論之自由破壞刑律之限制、揆諸立法體例、未免多所紛歧、今資政院覆議報律修正案第十二條於外交軍事之秘密認爲報紙當然不得登載一而於政務上之秘密仍執前議、似認爲當然有登載之自由、違犯禁止登載之命令者、又僅處以罰金、是於保持政務機密之意、實有未合、即與刑律限制之條互相抵觸、若於該院復議施行、恐於國家政務之前途殊多危險、查資政院章第十八條資政院於軍機大臣或各部行政大臣咨送覆議事件、若仍執前議應由資政院總裁副總裁及軍機大臣各部行政大臣分別具奏各陳所見、恭候

聖裁、臣等爲慎重政務防洩機密起見、謹遵章分別具奏並將修正報律第十二條原文繕單恭候

欽定、至其餘各條、臣等均無異議、一俟

命下、即由臣等通行京外一體欽遵、所有資政院將議報律第十二條施行窒礙緣由、謹恭摺具陳、伏乞

皇上聖鑒訓示、再此摺係由軍機處主稿會同民政部辦理合併聲明、謹

奏、宣統二年十二月二十九日奉

旨已錄（見前）

欽定報律

第一條　凡開設報館發行報紙者應由發行人開具左列各款於發行二十日前呈由該管官署申報民政部或本省督撫咨部存案　一名稱　二體例　三發行時期　四發行人編輯人及印刷人之姓名履歷及住址　五發行所及印刷所之名稱及地址

第二條　凡本國人民年滿二十歲以上無左列情事者得充報紙發行人編輯人印刷人　一精神病者　二褫奪公權或現在停止公權者

第三條　編輯人印刷人不得以一人兼充

第四條　發行人應於呈報時分別附繳保押費如左　一每月發行四回以上者銀三百圓　一每月發行三回以下者銀一百五十元　在京師省會及商埠以外地方發行者前項保押費得酌量情形減少三分之一及至三分之二　其宜講及白話報專以開通民智爲目的經官鑒定者得全免保押費　若專載學術藝事章程圖表及物價報告者毋庸附繳保押費

第五條　第一條所列各欵呈報後如有更易應於二十日內重行呈告　發行人有更易時在未經呈報更易以前以假定發行人之名義行之

第六條　每號報紙應載明發行人編輯人及印刷人之姓名及住址

第七條　每號報紙應於發行日遞送該管官署及本省督撫或民政部各一分存查

第八條　報紙登載錯誤若本人或關係人請求更正或將更正辯駁書請求登載者應即於次回或第三回發行之報紙更正或將更正書辯駁書照登　更正或登載更正書辯駁書字形大小及次序先後須

與記載錯誤原文相同　更正書辯駁書字數逾原文二倍者得計所逾字數照該報登載告白定例收費若更正辯駁詞意有背法律或不署姓名及住址者毋庸登載

第九條　登載錯誤事項由他報鈔襲而來者雖無本人或關係人之請求若見該報更正或登載更正書辯駁書應即於次回或第二回發行人報紙分別照辦但不得收費

第十條　左列各欵報紙不得登載　一冒瀆乘輿之語　二淆亂政體之語　三妨害治安之語　四敗壞風俗之語

第十一條　損害他人名譽之語報紙不得登載但專爲公益不涉陰私者不在此限

第十二條　外交陸海軍事件及其他政務經該管官署禁止登載者報紙不得登載

第十三條　訴訟或會議事件按照法令禁止旁聽者報紙不得登載

第十四條　在外國發行之報紙有登載第十條所列各欵者不得在中國發賣或散布

第十五條　論說譯著係該報創有註明不許轉登字樣者他報不得抄襲

第十六條　不照第一條第五條第一項呈報發行報紙者處該發行人以五十元以下五元以上之罰金呈報不實者處該發行人以一百元以下十元以上之罰金

第十七條　不具第二條所定資格充發行人編輯人或印刷人者處該發行人以五十元以下五元以上之罰金其編輯人印刷人詐稱者罰同

第十八條　違第四條第一項者以未經呈報論

第十九條　第四條第四項所指各報其登載有出於範圍以外者處編輯人以五十元以下五元以上之罰金

第二十條　違第六條第七條者處該發行人以三十元以下三元以上之罰金

第二十一條　違第八條第一項第二項或第九條者處該編輯人以三十元以下三元以上之罰金若遇有前項情形者所揭載係屬私事者須被害人告訴乃論其罪

第二十二條　違第十條登載第一第二款者處該發行人編輯人印刷人以二年以下二月以上之監禁併科二百元以下二十元以上之罰金其印刷人實不知情者免其處罰

第二十三條　違第十條登載第三第四款者處該發行人編輯人以二百元以下二十元以上之罰金

第二十四條　違第十一條者處該編輯人以二百圓以下二十圓以上之罰金　遇有前項情形須被害人告訴乃論其罪　本條第一項之罪若編輯人係受人囑託者該囑託人罰與編輯人同其有賄賂情

事者得按賄賂之數各處十倍以下之罰金若十倍之數不滿二百圓仍處二百圓以下之罰金並將賄賂沒收

第二十五條　違第十七條第十三條者處該編輯人以二百圓以下二十圓以上之罰金

第二十六條　違第十四條者處該發賣人散布人以二百元以下二十元以上之罰金並將報紙沒收

第二十七條　違第十五條者處該編輯人以三十元以下三元以上之罰金遇有前項情形須被害人告訴乃論其罪

第二十八條　犯第十六條第一項之罪者至呈報之日止該管官署得以命令禁止發行

第二十九條　犯第十八條之罪者至繳足保押費之日止該管官署得以命令禁止發行

第三十條　犯第二十二條之罪者審判衙門得以判決永遠禁止發行

第三十一條　犯第二十三條之罪者審判衙門得按其情節以判決停止發行　前項停止發行日報以七日為率其他之報每月發行四回以上者以四期為率三回以下者以三期為率

第三十二條　呈報後延不發行或發行後至應行發行之期中止逾二月者若不聲明原由作為自行停辦

第三十三條　犯本律各條之罪所有訟費罰金及應行沒收之欵自判決確定之日起逾十日不繳者將保押費抵充不足者仍行追繳保押費已被抵充者該發行人應於接到通知後十日以內將保押費如數補足逹者至補足之日止該管官署得以命令禁止發行

第三十四條　永遠禁止發行或自行停辦者得將保押費領還駐銷存案

第三十五條　凡於報紙內撰登論說記事填註名號者其責任與編輯人同

第三十六條　假定發行人之責任與發行人同

第三十七條　刑律自首減輕再犯加重數罪俱發從重之規定於犯本律各條之罪者不適用之

第三十八條　關於本律之公訴期限以六個月為斷

附條

第一條　本律自頒行文到日起一律施行

第二條　關於本律之訴訟由審判衙門按照法院編制法及其他法令審理

第三條　本律施行以後所有光緒三十四年二月十二日[redacted]律即行作廢

第四條　在本律施行以前發行之報紙所繳保押費數目與本律規定不符者應於本律施行後三個月

以內按照本律更正

(附)袁世凱所布出版法

出版法雖與報紙法有別、但其中一部分與報紙有大關係、某某報之封禁、皆援引出版法者也、茲覓錄全文、以供參考、

該法係民國三年十二月四日由國務卿徐世昌副署而公布者、其申令云、參政院議決出版法茲公布之此令

法律第十八號　出版法

第一條　用機械或印版及其他化學材料印刷之文書圖畫出售或散布者均為出版

第二條　出版之關係人如左

一　著作人

二　發行人

三　印刷人

著作人以著作者及有著作權者為限

發行人以販賣文書圖書爲營業者爲限但著作人及著作權承繼人得兼充之

印刷人以代表印刷所者爲限

第三條　出版之文書圖畫應將左列各欵記載之

一　著作人之姓名籍貫

二　發行人之姓名住址及發行之年月日

三　印刷人之姓名住址及印刷之年月日其印刷所有名稱者並其名稱

第四條　出版之文書圖畫應于發行或散布前稟報該管警察官署並將出版物以一分送該官署以一分經由該官署送內務部備案

官署或國家他種機關及地方自治團體機關之出版應送內務部備案但其出版關於職權內之記載或報告者不在此限

第五條　前條之稟報應由發行人及著作人聯名行之但非賣品得由著作人或發行人一人行之

其不受著作權保護之文書圖畫得由發行人申明理由行之

第六條　以學校公司局所寺院會所之名義出版者應用該學校等名稱稟報

第七條　以無主之著作發行者應預將原由登載官報俟一年內無人承認方許稟報

第八條　編號逐次發行或分數次發行之出版物應於每次發行時稟報

第九條　已經備案之出版於再版時如有修改增減或添加註釋插入圖畫者應依第四條之規定重行稟報備案

第十條　凡信柬報告會章校規族譜公啟講義契券憑照號單廣告照片等類之出版不適用第三條第四條之規定但遇有違反第十一條第十二條之規定時仍依本法處理之

其仿刻照印古書籍金石識在四庫書目或經教育部審定者適用前項之規定

第十一條　文書圖畫有左列各欵情事之一者不得出版

一　淆亂政體者

二　妨害治安者

三　敗壞風俗者

四　煽動曲庇犯罪人刑事被告人或陷害刑事被告人者

五　輕罪重罪之預審案件未經公判者

六　訴訟或會議事件之禁止旁聽者

七　揭載軍事外交及其他官署機密之文書圖畫者但得該官署許可時不在此限

八　攻訐他人陰私損害其名譽者

第十二條　在外國發行之文書圖畫違犯前條各款者不得在國內出售或散布

第十三條　依第十一條禁止出版之文書圖畫及依第十二條禁止出售或散布之文書圖畫有出版或出售散布者該管警察官署認爲必要時得沒收其印本及其印版

第十四條　違反第三條第四條第八條第九條之規定者處發行人以五十圓以下五圓以上之罰金

第十五條　違反第十一條第一款第二款者除沒收其印本或印版外處著作人發行人印刷人以五等有期徒刑或拘役

第十六條　違反第十一條第三款至第七款者除沒收其印本或印版外處著作人發行人以一百五十圓以下十五圓以上之罰金

第十七條　違反第十一條第八款經被害人告訴時依刑律處斷

第十八條　違反第十二條者依第十五條第十六條第十七條處罰

第十九條　依第十三條第十五條第十六條應沒收之印本或印版依其體裁可爲分別時得分割其一部分沒收之

第二十條　應受本法之處罰者不適用刑律累犯罪俱發罪暨自首之規定

第二十一條　關於本法之公訴期間自發行之日起以一年爲限

第二十二條　本法所定屬於警察官署權限之事項其未設警察官署地方以縣知事處理之

第二十三條　本法自公布日施行

第三十五節　對於新聞紙法之意見

本章各節之所述各國所以有新聞紙法者、殆皆出於政府當局壓迫言論之政策、即如袁世凱兩次所頒布之報紙條例、亦係抄襲日本之新聞紙法、改頭換面（參看上二節）以爲箝制言論之利器、此類政府當局自私自利之法令吾人當然反對之、且因各國過去之新聞紙法實際上無一含有保護新聞事業之意味者故猶憶民國初年此項特別法問題發生之際、某政論家即根本反對其存在、但余個人之意見、則認爲當分別言之、蓋法之有無爲一問題、法之良否又屬一問題、苟造成不良的新聞紙法、固有不如無法之感、然果係無法、則又有動輒援引普通刑律之布因是余個人頗覺關於新聞紙之特別法爲不可少、惟必須由新聞界聯合一致以要求立法機關制成保護之法、庶幾新聞事業之地位可以益臻於鞏固、既不受行政機關非法之侵凌、更不受司法機關引用刑律之蹂躪、則言論界之尊嚴、方爲一般社會所認識、而建築其基礎於正當的法律保護之下、此實在我國今日之政象中吾人所當努力之一問題也、余以爲新聞紙法內容應加注意之點大約有下列各項、

(一)關於因新聞紙上紀載評論所發生之案件、只適用新聞紙法、(特別法)

(二)創辦新聞機關、只須呈報備案、無待於批准、且不納保證金、

(三)對新聞記者不得有體刑、惟記者之個人的行爲、不在此限、

(四)不得沒收新聞機關之財產、

(五)罰金不得過二百元、

(六)停止發行不得過一星期、

(七)嚴禁揭發個人之陰私(如有挾嫌誣陷之實據，則以個人行為論，)

(八)對於記者之傳喚須用法律上嚴格之手續不得非法逮捕及羈押、

(九)非曾要求更正而不更正者、不得告訴新聞紙之責任因更正而卽消滅、

(十)對於被雇之記者、與以生活之切實的保障、

此外如郵費電費之減輕、郵電檢査之廢止、(此法律以外之問題)凡足以為新聞事業發達之障礙者、皆當設法解放之、

雖然言論界假定得有法律上充分之自由、緣是而生之弊害、或致社會受不良之影響、此吾人所當反省覺悟者、故法律以外之制裁、亦為我國新聞界目下情

彡中所不可少其方法有二、

(一)社會方面之制裁　新聞紙苟濫用威權流於專制、或顚倒是非揑造謠言、則社會方面應加以制裁、例如不買同盟、乃最足以使新聞紙蒙其影響者、惟此層尙須伴以一般國民知識之進步、

(二)同業團體之制裁　新聞記者應組織團體、謀公共利益之保障、然苟有不德之記者、濫用其權力、則同業可加以制裁、例如退出團體、斷絕一切材料之交換、亦屬有效之辦法、惟此層亦須伴以同業道德之進步、

總之保護新聞記者之法律、乃扶助新聞事業之發達所不可缺者、然吾人又不願新聞記者成爲特別可以自逞之階級、故制裁問題、亦認爲有研究之必要焉。

第八章　我國新聞事業之現狀

第三十六節　政治中心與商業中心

以言我國新聞事業之目下狀態、殆可勉强比諸十八世紀之英國、及明治二十年前後憲法初頒布時之日本、所以不發達之根本原因、(一)教育不普及(二)交通不便利(三)工商業不振興(四)政治未上軌道、蓋今當營業本位即廣告本位之潮流中、有第一原因則讀新聞紙者爲國民中之極少數、且係無業文人及官吏等佔此極少數中之大部分、因是一般人不重視新聞、乃至不重廣告、益以第三原因、較高價之廣告顧主乃非常缺乏、又有第二原因則新聞紙之運送、極爲不便、而售價亦不能如各國之低廉、觀於美國英國新聞事業之所以發達、皆以經濟狀態爲主要原因(參看第二十七節)我國凡用紙及機器等無一不賴乎舶來之貨、更使新聞紙之生產費膨漲、而售價愈不合乎廣告本位之原則、此外則政治不良、新聞記者之地位時生危險、記者之人才乃非常缺乏、凡此皆我國新聞業所以不振之一般的原因也、若以各處營業之情形一爲比較、則上海尚稱有起色漢口次之北京天津皆未上於營業本位之軌道此其故蓋世界無論何處新聞業之發達要不能違背廣告本位之潮流上海爲我國商業之中心廣告之力量足以產生規模較大之一二新聞機關漢口之前途亦頗有希望而北京不過一政治中心爲全國重要新聞材料之發源地惟廣告之力非常薄弱故雖有較爲可以注意之新聞紙而論其營業總不離乎津貼本位與機關新聞之臭味此原則之無可逃者也在北京之新聞紙固非無自給自足營獨立之生活者然規模狹隘無擴張之餘地試與各國比較之日本東京政治之中心亦不敵大阪工業之中心美國紐約之新聞業非常發達是可見背莫能逃廣告勢力之支配至如英國則倫敦既爲政治中心又爲世界商業金融之中心故倫敦泰晤士等皆發達而具世界的勢力然我國又有特別可憐之情形上海名爲商業中心而能立足於營業之本位者亦僅有申報新聞報兩社論廣告之勢力

兩者比較、似申報又遜新聞報一籌、兩者皆有歷史上之特權、申報尤有五十餘年之歷史、然本埠銷行之額、申不及新、故廣告亦比較申報略少、（就各大體言則兩者可稱伯仲）新聞報駐外通信員之組織、頗爲周密、如北京各機關中、該報每喜應有儘有、申報則年來每次大問題發生時、消息難免有落後之危險、（但其他部分有比新聞報精勝處、故在北京之銷數、以申爲第一、）此吾人純從事實上公平比較皆有實例可舉者也、而除去申新兩社之外、其餘各報之經濟、仍未脫離津貼與機關新聞之苦境、且皆朝不保暮、情勢岌岌、可見上海廣告之勢力、平均每年尙在二三百萬元以內、即此亦可推知各種工商實業不振之狀態矣、更以北京言之、他國之政治中心、究竟係一大都會、雖不能產生極大規模之新聞社、亦不無一二中等狀態（就營業言）之新聞紙、北京則不然、除一二小報外、平時無長能銷至一萬以外者、此又無論北京上海、皆不能逃出上述之根

本的四種原因故也、

第三十七節　京滬言論界之一斑

我國新聞事業不振之情形、大約如前節所述、試一檢北京上海兩中心點之報館通信社、則大足令人發生『雖多奚爲？』之感、上海除申新兩報、營業上已有盈餘、且皆組織公司、用經營商業方法以經營新聞者外、殆皆不足以自給、茲舉其比較有意味者如下。(下之所述乃余一人之私見，未敢認爲無誤，如讀者有證明觀察錯誤處，當於再版時更正之，)

申報　營業性質之公司

新聞報　營業性質之公司

時報　初頗流行於學界、後因某種變化、未能十分進步、今尙在改善中、其與之相附存在之有正書局、頗爲得利、

時事新報　初爲研究系所經營之機關報、後乃竭力設法脫離窩臼、改爲

營業性質、其第一注意之銷路、爲教育界頗佔時報原有地位之一部分、近更注意本埠、另出本埠版、惟銷數未見大增、在教育界已有根底、將來有望之報紙也、

中華新報　爲政學會之機關、近亦注意於營業、其執筆之張一葦君、頭腦極爲明晰、評論亦多中肯、勤勤懇懇、忠於其職、不失爲賢明之記者、且自身殊少黨派之偏見、惟該報營業方面似未得法、故銷數仍未大增、

新申報　其出版之初、乃與申報之糾葛有關係、後署滲入臨時的政治性質、勢力與申報當然相差遠甚、但現在竭力改進中、頗注意於營業、

民國日報　爲國民黨機關、去年以來、頗事擴充、內容亦有精采、乃政治性質之新聞、其中記者、亦多一時之彥、

神州日報　其年齡頗老、經過不少變遷、近年有附屬之「晶報」、專尚滑稽、自成一格、頗爲暢銷、（但係滑稽文藝、而非新聞）曾與余屢開玩笑、甚爲可感、讀晶報者、幾忘尚有神州日報矣、

商　報　頗注重營業、現由民黨一部分青年執筆、其編輯亦認眞、前途有望之報紙、目下銷數尚未大暢、

國聞通信社　由胡政之創辦、胡氏實一可愛之新聞記者、故上海之通信社、當以此爲最有精采、尤注重皖段粵孫及東南之政治、北京等處已設

分社、

以上述上海方面較爲重要之報館通信社、至北京方面、則尙不便加以評論、茲以本月之調查表錄下、讀者可知其大概矣、

◉清季以來至民十三止北京報社調查表

▲十三年五月十四日調查

報社名稱	出版年月	立案人名	備考
京報	七年十月	邵飄萍	曾被安福內閣封禁一年之久直皖戰後復活外交界教育界讀者爲多
英文北京日報	清光緒三十四年十一月		
北京日報	同上	朱季緘	清末民初銷數頗多近年稍少矣
羣強報	元年五月	陸澤	讀者以旗民及下等社會爲多小報中最銷行者
日知報	二年十一月	王博謙	
京津時報	三年五月	汪簡齋	安福盛時爲報界公會首領

新興中報	四年十月	袁 樸	
益。世。報。	五年一月	杜竹軒	與美國教會有關係銷數尙多
京話日報	五年五月	彭翠三	
二十世紀新聞報	五年十月	張蜀從	
新中國報	同上	田非非	
中央日報	五年十一月	張德良	
實事白話報	六年三月	藏 微	
亞東報	六年七月	李安陸	
交通叢報	六年十月	袁德宣	
經世報	六年十二月	陳大章	爲孔教會機關後已改爲雜誌
國強報	同上	李茂亭	
中央時報	七年二月	張學濟	

定一日報	七年九月	邱醒旦	
又新日報	七年十月	蕭銘鑾	現有招牌而不出報
民國公報	七年十一月	陶佑成	
晨報◎	同上	戴朗如	最初頗接近研究系人物學生界讀者較多其前身即爲晨鐘報
中報	七年十二月	楊惕庵	中經停刊現由林賀生復興出版
英文北京導報◎	七年十二月	梁孝安	與晨報之地位頗同
北京報	八年一月	梁贊庭	
小公報	八年二月	戴瑞徽	
北京白話報	八年四月	任振亞	
蒙邊日報	八年五月	滕祖周	
英文華北正報	八年十二月	浚擊溟	
燕都報	九年一月	唐冷光	

都報	九年四月	胡康彝	
北京晚報	同上	詹辱生	
大義報	九年五月	宋國秀	
新華日報	同上	潘樹聲	
商業日報	九年十一月	任崇高	
北京晚報	九年十二月	劉夢樸	晚報中開辦最早銷數較多者
鐵道時報	十年三月	李登呼	
評論報	十年六月	陳紀揚	
新晚報	十年八月	萬必大	
黄報	十年九月	盧林初	初代薛大可所創辦
北京快報	十年十月	宋采亮	
星報	十一年二月	雷壽培	

廣報	十一年三月	陳公韜	
輿論日報	十一年五月	張育之	
社會日報●	同上	張日新	初由林白水與胡政之合辦嗣胡脫離該社專辦國聞通信社
公論新報	十一年七月	薛覺民	
時中日報	同上	金伯炎	
正議日報●	十一年八月	何仲勇	
國民新聞報	十一年九月	馬雲峰	
平報	十一年九月	孫德臣	
黎明報	十一年十二月	趙叔敬	
東方時報●	十一年十二月	史悠溥	英人辛博森主持與華黃波驗接辦今年中英文版分離
京兆時報	十二年一月	恒詩峰	
日日新聞報	十二年三月	孔慧舫	

民聲報	十二年五月	周者安
五點鐘晚報	同上	鄭知維
清議報	同上	倪隱菴
亞報	十二年七月	林質生
北京大晚報	十二年八月	尹奉初
京保日報	同上	董燿青
統一日報	同上	劉藝梧
北京惠報	十二年八月	顏愛堂
北洋晚報	十二年九月	張繼良
潮報	同上	管鶴君
京津日報	同上	趙培元
太平日報	同上	鄭誠元

大中國報	十二年十月	鄭酒成	
京張鳳雅報	十二年十一月	桑勵棨	
立達星期報	同　上	楊情初	
中國新聞報	同　上	王醒華	
英文世界晚報	同　上	林天摩	
和平日報	十二年十二月	章弘濟	
昌言報	同　上	徐咏冰	
震報	十三年一月	張知白	
中外日報	同　上	林松庵	即台灣人林爾萬出資林猶案涉嫌遂出京
京津民報	十三年二月	趙培元	
復報	同　上	林復	
大北日報	同　上	淩義照	

北京大早報	同上	馬伴癡	
太平洋日報	十三年三月	惠仁	
美術畫報	同上	董培增	
民德日報	同上	張陶公	
京津解頤錄報	同上	馬天驅	
遊藝場日報	同上	魏晉賢	
新華晚報	同上	姚敬之	
午後報	十三年四月	秦紹如	
大北日報	同上		
今晚報	同上	陳坤	
民生日刊	同上	李營舟	
世界晚報	同上	陳策	與吳長春接近

京兆晚報	十三年五月	王庭颺	
捷報	同上	徐漢生	
平民新報	同上		
中華日報	同上	米迪剛	

右表依警廳案卷調查共九十四家、其中自辦印刷、以營業為本位、及銷數達四千以上者、不滿十家、且十之三四實際多已停刊、惟招牌名號尚存、亦有僅印數十張百餘張者、更有一二家共印一版者、又有中華新報、為政事會機關、黃陂出京後、已停刊矣、又順天時報、為日本外務省機關、由日人執筆、未列入表內、

◎民五至十三北京通信社調查表

▲十三年五月十四日調查

通信社名稱	開辦年月	立案人名	備考
北京新聞編譯社	五年七月	邵飄萍	為華人自辦通信社之創始者

中央通信社	六年三月	羅蠡	
北京通信社	七年八月	羅秋心	
神州通信社	七年十一月	陳冕雅	
大同通信社	七年十二月	林質生	
醒民通信社	八年七月	趙醒民	
民國通信社	九年一月	黃毓楠	
庚申通信社	九年五月	黃勤勵	
北方通信社	同上	趙雨琴	
民生通信社	九年十二月	卓宏謀	
中和通信社	十年二月	徐北公	
博聞通信社	十年四月	張郁庭	
平民通訊社	十年三月	王天倫	

進化通信社	十年四月	宋寶傑
華聲通信社	同上	巢莘生
東亞通信社	同上	詹厚生
寰瀛通信社	十年五月	馮叔鸞
大陸通信社	十年六月	張恐
交換通信社	十年九月	王元鼎 卞中霖
太平洋通信社	同上	劉積生
國光通信社	十年十一月	王毅
寰宇通信社	同上	包寰
世界通信社	十一年四月	孫鑑秋
捷聞通信社	同上	涂攸序
覺民通信社	十一年七月	戢援

明民通信社	十一年十月	曹善麗	
上海 國聞通信社	十一年十一月	胡政之	其本社在上海
寰球通信社	十二年一月	嚴危平	
民本通信社	同	上 瞿鶴皋	
中國通信社	十二年二月	任筱洲	
新華通信社	同	上 籛鷗蓀	
寰球工報通信社	十二年三月	高聘升	
維民通信社	十二年五月	余維之	
癸亥通訊社	十二年六月	龍錫鉞	
中國通訊社	同	上 宋覺生	
和平通信社	同	上 江紱華	
求是通訊社	同	上 田錫禹	

京津通信社	十二年七月	趙培元	
統一通信社	同上	王博謙	
聯合通信社分社	十二年八月	李次山	
五洲通信社	十二年十月	張萬超	
北京中華通信社	十二年九月	凌楊民 劉清泉	
中華政聞通信社	十二年九月	呂奕忱	
中外通信社	十二年十月	張瀾甫	
中一通社信	十二年十一月	李國棻	
晨鐘通信社	十二年十一月	王碩甫	
正風通信社	同上	白崇光	
民聽通信社	十二年十月	何元枚	
國際通信社	十二年十一月	陳昌文	

中國新聞社	同上	王醒華	
益智通信社	十三年一月	葉我心	
公民通信社	十三年二月	陳凝曇	
民聲通信社	十三年三月	羅鍵民	
今聞通信社	十三年五月	陳　昭	

右表亦從警察廳案卷中調查共五十四家、而較爲重要以營業爲本位亦不滿十家、僅有東方、中美、及路透、電通、國際、那世實、中俄等爲純粹外人所設之分社、皆不列入焉、華人自辦之通信社、其初爲新聞編譯社所首創、嗣各政派覺得通信社勢力之偉大、而又無需於印刷、辦理輕而易舉、遂陡增如此之多、且大半皆不收費而自行贈送、並有時電話要求登載其某項新聞稿、異奇觀也、

第九章　新聞事業之將來

第三十八節　商品說與公有國有說

新聞事業苟欲達於理想之境域、究以何種方法經營爲適當乎此實將來之大問題、論歐美目下發達之情形、目以完全商品說爲最佔勝利蓋世界新聞事業之最發達者、首推英國與美國、兩國中所稱爲新聞業之士者、如英之諾斯克利夫、美之哈斯脫彼等所經營之各大新聞社、皆以資本雄厚設備完全足以執世界之牛耳、而其收入之富、純益之多、更可資以擴充而愈促其進步、故新聞紙應完全作爲商品之主張、遂致風靡全球、爲一般經濟家實業家之所公認、各國新聞事業所以傾注全神於營業方面者、乃商品說主張之結果也、以進化之順序言之、由政論本位而爲消息本位、由一人一派機關而成廣告貿易會社、似爲進步所必經之階級、但自新聞紙之完全商品化而後、以發行爲手段、以多攬廣告爲目的、其種種大規模之設備、不可無鉅額之資本、於不知不覺之間、已捲入資本主義之旋渦、資力薄弱者、有無法競爭不能存在之勢、「黃色新聞」之稱呼、遂奉贈諸美國哈斯脫式之新聞紙焉、彼主張完全爲商品者、非無一面之眞理、（參看第十七節）然種種弊害之隨而發生、亦屬不可掩蓋之事實、以營業本位爲理想的經營方法、未免爲偏於資本主義之見解也。

學者欲救營業本位之失、於是有創爲『公有』之說者、謂新聞事業應使於法人組織之下經營之、所謂法人者、如民法中關於祭祀、宗教、慈善、學術、技藝、及其他公益事業之社團或財團、非以營利爲目的者、得主務官廳之許可而組織爲法人、新聞事業若使法人經營、則於嚴密監督之下、亦如學校宗教團體等之純以公益爲目的、無營業本位資本主義之弊害、雖不敢謂完全無弊、而可設種種方法以監督之、如廣告及發行之競爭、應加禁止、或與以限制、新聞記者之地位、則可使比諸現在爲鞏固、於適當的拘束之下、在社會上可發揮最大之權威、既不專以營業爲目的、然後社會木鐸國民機關之任務、乃得而完成、言論之尊嚴、乃得而認識、同時且希望一般讀者之覺醒、對於新聞紙有鑑別選擇之能力、廣告不得無限增加、寧出此現在定價爲高之新聞紙費、而排斥廣告本位之新聞、能如是則新聞紙與政權金權結托之事可以防止、詐欺恫嚇之機關無由發生、新聞記者之地位更自然可以向上焉、

此次更有所謂『國有』之主張、將新聞事業移於國家機關之手、然如此則凡言論之自由、記者之權威等等、今日新聞社中之生命、或難免有喪失之虞、故事實上如何運用此種主張、自有嚴密考慮之必要、但主張國有者、絕非有使新聞紙成爲官報之意、仍須以許多方法、保全言論之自由、記事之翔實、趣味之豐饒、惟於競爭營利發生弊端之一點、欲以此矯正之、彼所主張的方法之一部分、謂新聞紙既移諸國家經營、則當先居新聞記者於大學教授及司法官之地位、公認其職務與思想之獨立、同時設嚴重之服務規律、使記者有明確之責任與義

務、何以比之於大學教授？例如學問藝術上、保障其理解之自由、又擬之於法官、則凡維持個人之名譽財產及社會之秩序風紀、皆與以獨立之權限、此皆主張國有者之理想也、但事實上各國已有多數新聞社、欲移於國有、恐無法可以辦到、且大有利未見而害先形之慮、終則亦不過聊備一說而已、

余個人之所見、新聞經營之方法、與其他經濟制度有密切關係、故將來縱有變化、亦必隨社會其他制度以變遷、欲以一人之理想左右之、假無如是其單純也、

第三十九節　記者之養成與優遇

新聞學與新聞事業之關係、不啻如形與影之密切、故欲矯正新聞業之弊害、則新聞學之提倡研究、乃其根本急務也、所謂提倡研究新聞學者、其最著之效果、即爲新聞記者人才之養成、若新聞界皆爲對於新聞學研究有素之記者、則前途自易有改進之餘地矣、以目下世界各國發達之情形言之、美國各大學中、早

注意於新聞科、其學者之著書、亦最稱弘富、故新聞事業、有如今日之盛況、日本
效法歐美、凡事皆惟恐不及、其大學中設科（如法政大學等）及學者所組織
之新聞學會、與夫各新聞社中之實地練習、頗極盛一時、我國欲使一般新聞事
業之進步、根本上亦非養成記者之人才不可、數年以來北大之研究會、平大之
新聞系、法大之添設新聞講席、皆足徵斯學之漸爲教育界所重視、而青年學子
有志斯學者之日見其多、將來新聞記者的人才問題、頗比較的可以樂觀也、蓋
我國現在之新聞界、其腐敗幼稚、毋庸諱言、而根本問題、由於人才之缺乏、品類
之不齊、故現方從事於研究新聞學者、其將來之責任與使命、乃非常重大、此余
所時欲提醒諸君者耳、依余之希望、新聞學一科、應作爲中學以上之普通課程、
且望各大學之皆有添設、其理由已詳緒言中、近更曾在東方雜誌論說欄內一
申鄙見焉、

記者人才之養成、爲新聞紙改良之根本問題、此無論何人所不能否認者、但人才養成而後、又何以保障此種人才之生活、地位、與人格乎、故記者優遇之方法、乃一極重要之問題也、今當新聞業亦在資本主義旋渦中之時代、記者乃一精神勞働之勞工、而資本主之壓迫使其生活時時動搖、使其人格時時被奪、殆各國所習不能免之事實、我國今之營新聞業者、對於記者地位之觀念、尤有輕視冷酷之習性、其結果、倔强者悉遭擯斥、豢寵遇者、乃半屬先意承志乞憐搖尾之徒、是人格既先破產、尙安能保其爲社會公人與第三者地位之資格、各國新聞記者團有鑒於此、乃有種種團體之組織、專以互助之方法、保障生活地位人格之安全、此層我國亦決不可少、而新聞記者之所以能團結一致、又與人才問題有關係、蓋必先自認識其地位人格、乃方有使資本主認識其地位人格之餘地也、

關於此類團體組織之方法、英美各國已不少其例、其精神與普通勞働團體所

主張有一部分相似、惟新聞記者所當注意之點、不僅在生活（實則勞働者地位改善之要求、最後亦係人格問題、而生活不過其手段也、何以能達人格完全之目的、自以生活安全爲第一必要條件、故關於此種手段與目的有易誤認之處、不可不知也、記者地位保障之問題、有以下各項、

（一）保有職務上精神之自由、不能視爲機械的、或如其他雇被之使用人員、

（二）非有自身不職或道德上之缺陷、不得以感情愛憎藉口撤換之、而如年限契約等、亦宜有一定之辦法、

（三）失業記者之介紹救濟、定少年記者 Junior Professional 老年記者 Senior Professional 等每週給費之最低額、

（四）調查關於新聞業之法規慣例、爲欲達新聞記者行使職務之圓滿、努力於立法之修正良改、

(五)設置新聞記者公共之圖書館及集會建築物等、
(六)組織國民保險保險新聞記者之儲蓄保險事業、
(七)依一切適法手段以圖新聞記者地位之增高與意志之團結、

故如英國亦在一八六四年以來已有許多關於新聞紙之時間及新聞記者協會等、一八九〇年、皆得女皇維多利亞之勅許所謂新聞紙財團者 The Newspaper Press Fund 財產總額有十萬磅以上其處理一切、皆付之秘術、凡社員及與新聞業有關係之遺族、可以請求救濟、此外如新聞記者協會 The Institute of Journalists 國民新聞記者同盟 The National Union of Journalists 等皆為保障新聞記者之生活地位人格之有力的團體也、

新聞記者地位人格之保障、即所以防資本主之專橫、故表面似偏為精神勞働者方面設想、實則與新聞業之全體有莫大效益此尤資本主所當澈底覺悟者

耳。

第十章　餘論

第四十節　對於學者之希望

本書凡十章、分四十節、尚有餘論十節、關於新聞學之各部分、皆稍有論及、費時月餘、大半係夜間十二時後乃至天明之工作、以余所任職務之繁瑣、移日衣食於奔走、作此短期間內成六萬餘言、雖區區小冊、已覺竭蹶非常、在國內編述一書、與作國外情形大異、亦一困難者、爲材料之不易覓、我國報事皆無統計、國文書又極缺乏、新聞之學、尤屬草創、從以不學如余、學識疏陋、不敢諱言、故僅有如此不完全之著述、此余所背意自勉以求讀者及聽講諸君之原諒者也。茲當本書暫告結束之際、復贅數言、敢以此希望、亦兼以自勵、夫新聞之學、期於應用、尤貴在多所經驗、對於原理及方法、各有心得與發明、故書者死物也、只能助

（后略）

图书在版编目（CIP）数据

新闻学总论 / 邵飘萍著．—北京：中国传媒大学出版社，2018.3
（中国近代新闻学名著系列丛书 / 芮必峰主编）
ISBN 978-7-5657-2301-8

Ⅰ．①新…　Ⅱ．①邵…　Ⅲ．①新闻学　Ⅳ．① G210

中国版本图书馆 CIP 数据核字（2018）第 053461 号

中国近代新闻学名著系列丛书
芮必峰　主编
新闻学总论
XINWENXUE ZONGLUN

著　　者　邵飘萍
策划编辑　司马兰　姜颖昳
责任编辑　姜颖昳
封面设计　拓美设计
责任印制　曹　辉

出版发行　中国传媒大学出版社
社　　址　北京市朝阳区定福庄东街 1 号　　邮编：100024
电　　话　86-10-65450532 或 65450528　　传真：010-65779405
网　　址　http://www.cucp.com.cn
经　　销　全国新华书店

印　　刷　北京华联印刷有限公司
开　　本　787mm × 1092mm　　1/16
印　　张　17.25
字　　数　130 千字
版　　次　2018 年 6 月第 1 版　　2018 年 6 月第 1 次印刷

书　　号　ISBN 978-7-5657-2301-8/G · 2301　　**定　　价**　88.00 元
